EDIÇÕES VIVA LIVROS

Para além da codependência

Melody Beattie nasceu em Minnesota, Estados Unidos, em 1948. É uma das autoras de livros de motivação mais admiradas de seu país e um nome conhecido nos círculos de recuperação de dependentes químicos. Seu best-seller *Codependência nunca mais*, que já vendeu mais de 5 milhões de exemplares, apresentou ao mundo o termo "codependência", em 1986. Há mais de duas décadas milhares de leitores têm confiado na orientação e nas palavras incentivadoras de Melody Beattie, justamente porque ela tem conhecimento sobre o que essas pessoas passaram. Melody sobreviveu ao abandono, ao abuso sexual, às drogas e ao álcool, ao divórcio e à perda de um filho. Jornalista e escritora, também são de sua autoria os sucessos: *Pare de se maltratar*, *Assuma o controle da sua vida*, *A linguagem da liberdade* e *Ouça o seu coração*.

MELODY
BEATTIE

PARA ALÉM DA CODEPENDÊNCIA

Tradução de
MARÍLIA BRAGA

2ª edição

viva livros

RIO DE JANEIRO – 2025

CIP-BRASIL. CATALOGAÇÃO NA FONTE
SINDICATO NACIONAL DOS EDITORES DE LIVROS, RJ

Beattie, Melody
B351p Para além da codependência / Melody Beattie; [tradução de Marília Braga]. – 2 ed. – Rio de Janeiro: Viva Livros, 2025.
12x18 cm

Tradução de: Beyond Codependency
ISBN 978-85-8103-023-4

1. Codependência - Psicologia. I. Título.

CDD: 616.86
13-1805 CDU: 616.89-008.441.3

Para além da codependência, de autoria de Melody Beattie.
Título número 071 da Coleção Viva Livros.
Primeira edição impressa em junho de 2013.
Texto revisado conforme o Acordo Ortográfico da Língua Portuguesa.

Título original norte-americano:
BEYOND CODEPENDENCY

[Continuação da página de créditos segue na página 282.]

www.vivalivros.com.br

Design de capa: Mariana Taboada.

Impresso no Brasil
ISBN 978-85-8103-023-4

Dedicatória

Certa noite, durante um sonho, vi um grupo de pessoas. Elas eram boas e carinhosas. O problema era que não sabiam disso. Estavam bastante confusas – reagindo a algo doloroso que acontecera havia muito tempo.

Elas tinham corpos de adultos, mas em muitos sentidos eram ainda crianças. *E tinham medo.*

Essas pessoas estavam tão preocupadas em se proteger e tentar descobrir o que tudo aquilo significava que não se davam conta do que realmente precisavam fazer: relaxar, ser quem eram e se permitir brilhar.

Não sabiam que poderiam parar de proteger a si mesmas. Não sabiam que poderiam amar e ser amadas. Não sabiam que poderiam amar a si mesmas.

Quando despertei, me dei conta de que eu era uma daquelas pessoas.

Este livro é dedicado a nós, os adultos-crianças* e codependentes. Que nós possamos despertar para a beleza de nós mesmos, das outras pessoas e da vida.

Por me ajudarem a tornar este livro possível, agradeço a Deus, a Nichole, Shane, mamãe, John, Becky, Terry, Ruth, Scott, Lee, Linda, Carolyn e aos meus leitores. Alguns me inspiraram e me encorajaram a escrevê-lo; outros tiveram que me suportar enquanto o escrevia.

---

*O termo "adulto-criança" é usado como sinônimo de codependente, designando aqueles que, por conta de abusos e traumas na infância, permanecem inseguros, assustados e em posição defensiva mesmo depois de adultos. (*N. do E.*)

Agradecimentos

Primeiro, desejo agradecer às pessoas em recuperação que partilharam suas histórias comigo. Elas deram vida ao meu trabalho.

Também sou grata às contribuições do Dr. Timmen Cermak, membro fundador e primeiro presidente da Associação Nacional para Filhos de Alcoólicos, e Bedford Combs, terapeuta, presidente e fundador da Associação para Filhos de Alcoólicos da Carolina do Sul. Seus trabalhos me ajudaram a compreender o processo de recuperação e a crescer.

Sumário

Introdução

"Você tem escrito sobre suas
experiências pessoais ultimamente?", perguntou
a mulher à escritora. "Não", respondeu a escritora.
"Estou muito ocupada vivenciando-as."

– Ruth Peterman[1]

Este é um livro sobre recuperação.

Na verdade, é sobre a continuidade da nossa recuperação.

Eu o escrevi para aqueles que estão se restabelecendo depois de terem se deixado prejudicar pelos problemas de outras pessoas. Este livro é para os que estão se recuperando da codependência, da dependência química e de problemas de adultos-crianças. Eu o escrevi para aqueles que se esforçam para aprender a cuidar de si mesmos.

Meu livro *Codependência nunca mais* é sobre superar a dor e obter o controle de nossas vidas. Este livro aborda o que fazer quando a dor é superada e ficamos prontos para seguir adiante. É sobre o que acontece depois.

Analisaremos a recuperação, as recaídas, o relacionamento familiar, as atitudes, e também conceitos como entrega e espiritualidade.

Trataremos da dificuldade de lidar com a vergonha, do desenvolvimento da autoestima, da superação das perdas, da recuperação dos nossos filhos e da superação das nossas compulsões.

Quando comecei a escrever este livro, eu tinha uma longa lista de informações dispersas que queria dividir com vocês.

Não sabia ainda como essas ideias se encaixariam. Quando parei de tentar organizá-las, o livro assumiu – como acontece às vezes – uma surpreendente vida própria.

O livro *Codependência nunca mais* aborda o início do processo de recuperação. Já este livro trata de um tema central: o ajuste preciso de aspectos essenciais para a reconquista da saúde e do bem-estar.

Minha ideia inicial era escrever sobre o fortalecimento do amor-próprio e da capacidade de cuidar de nós mesmos. A grande descoberta desse processo é o aprimoramento da nossa capacidade de amar e deixar que os outros, e Deus, nos amem.

Este livro tem como base pesquisas, minhas experiências pessoais e profissionais e meus conceitos. Tentarei, sempre que possível, atribuir as ideias, teorias e citações às suas devidas fontes.

Os casos que descrevo são reais. Mudei nomes e algumas informações para proteger a privacidade das pessoas.

Incluí exercícios no fim de alguns capítulos. Você pode escrever suas respostas em um papel ou usar um caderno.

Este livro não é sobre como mudar ou ajudar alguém. É sobre saber que devemos continuar a ajudar a nós mesmos, a melhorar nossa vida e nossos relacionamentos.

Como diz um velho ditado, "Quando o discípulo estiver pronto, o mestre aparecerá." Outro, entretanto, afirma: "O que ensinamos é o que mais precisamos aprender."

Dizem que os escritores são professores.

"É possível", escreveu Lawrence Block, "observar tudo que escrevemos como uma carta a nós mesmos, destinada a transmitir a uma parte de nós a lição que a outra parte já aprendeu."[2]

Aprendi escrevendo este livro. Espero que você também se beneficie ao lê-lo.

Parte I

A recuperação

A recuperação é quando a diversão
se transforma em diversão,
o amor se transforma em amor
e a vida merece ser vivida.

1
O movimento da recuperação

Comecei a cuidar de mim mesmo
e me sinto tão bem que não vou mais parar,
não importa o que aconteça.

– Anônimo

A história de Carla

Há dois anos, Carla achou que havia enlouquecido, mas sua rotina diária era normal.

– Bem, quase normal – diz Carla, uma professora de 35 anos, filha de pais bem-sucedidos.

Das 6 às 8 horas, ela trabalhava numa creche. Das 8h30 às 12h30, lecionava em uma escola primária. Das 14 às 18 horas, ensinava em um programa de acompanhamento pós-escolar.

Para evitar que uma senhora que sofria do mal de Alzheimer fosse internada em uma clínica, Carla se mudou para a casa dela. Por isso, diariamente, às 12h30, Carla corria para preparar o almoço da senhora. À noitinha, corria de novo para casa a fim de fazer o jantar.

Alguns anos antes, quando trabalhava na prisão estadual, Carla se tornara amiga de um presidiário, e acabou se apaixonando por ele (um fenômeno peculiar a muitas pessoas que se identificam com a codependência). Depois de lavar a louça do jantar, Carla corria para a prisão a fim de visitar o namorado. Às 21 horas, voltava correndo para casa para pôr a mulher na cama.

Em seu tempo livre, Carla dedicava quarenta horas por mês como voluntária em um centro de saúde mental. E aos domingos ensinava catecismo na igreja.

Além dessas atividades como voluntária, Carla ofereceu a uma família que conhecera na prisão que morasse em sua casa sem pagar aluguel. A casa estava vazia desde que ela fora morar com a senhora doente.

– Pensei que estivesse fazendo tudo certo – contou Carla. – Estava fazendo tudo que as pessoas esperavam de mim. Estava sendo boa para as outras pessoas. Estava sendo uma boa cristã. Não conseguia compreender por que todo mundo ficava com raiva de mim. Também não conseguia entender por que achava que estava ficando louca e desejava morrer. Os parentes da mulher com quem eu vivia ficaram com raiva porque eu lhes disse o quanto ela estava doente e como os cuidados deles eram importantes. Meu namorado estava com raiva de mim. Meus chefes estavam aborrecidos porque eu ficava doente e faltava ao trabalho. E a mulher que morava na minha casa ficou com raiva porque, quando ela arranjou emprego, lhe pedi que me pagasse aluguel.

"Eu não sabia como me sentia. Pelo que me lembro, não sentia alegria, tristeza, nada! Sabia que estava fisicamente doente. Minhas pernas e meus pés inchavam tanto que, em certos dias, não conseguia nem andar. Porém, não queria ir ao médico para não incomodá-lo. Imagine, eu não queria incomodar o médico! As coisas estavam ficando loucas, mas iam ficar mais loucas ainda.

A mulher que vivia na casa de Carla ficou tão indignada por ter que pagar aluguel que acabou indo embora. Carla voltou para sua casa. Em poucos dias, o aquecedor enguiçou, o cano do esgoto estourou, o porão ficou alagado, os ratos roeram o duto de gás e a casa quase explodiu. Um vizinho, ao vender sua propriedade, usou o mapa do terreno errado e acabou vendendo a casa de Carla, e um faisão entrou voando pela janela, decapitou-se, e ficou se arrastando pela casa, agonizante.

– Assim como eu – lembra Carla.

Logo depois o namorado de Carla foi solto. Ele era alcoólico, e depois de duas semanas, voltou a beber e desapareceu da vida dela.

– Fui até o fundo do poço. Era o auge de mais de trinta anos de fracasso – disse Carla. – Eu me senti um fracasso total, profissional e pessoalmente. Antes, pesava 50 quilos, e agora estava com mais de 100. Já me casara e me divorciara por duas vezes, ambas com homens profissionalmente bem-sucedidos que abusavam de mim física e verbalmente. Estava tudo acabado! Para mim era o fim! Não bebia havia 15 anos, mas comecei a tomar uma garrafa de vodca por dia. Eu queria morrer!

Carla não morreu. Em vez disso, alguém lhe deu um livro sobre codependência. Ao lê-lo, aprendeu que, embora seu comportamento fosse um pouco maluco, ela não era. Estava lutando contra a codependência. Descobriu também um programa de recuperação que poderia frequentar e que prometia mudar sua vida.

Embora esteja tentando se recuperar há apenas um ano e meio, Carla trabalha nisso com afinco. Frequenta regularmente as reuniões tanto do Al-Anon como dos Alcoólicos Anônimos. Vai a workshops sobre codependência, vergonha e autoestima. Faz tratamento também com um terapeuta com experiência na recuperação da codependência.

– Fiquei com raiva do terapeuta – se lembra Carla. – Eu era uma profissional; ele era um profissional. Fui até ele esperando que fizesse seu trabalho: curar-me. Ele disse que não podia fazer isso. Aprendi que não havia cura mágica; eu teria que fazer meu próprio trabalho de recuperação.

Apesar de não ter encontrado a cura mágica, Carla descreve as mudanças dos últimos 18 meses de sua vida como "dramáticas".

– Tenho sentido muita dor – continua Carla –, mas pelo menos estou sentindo algo. Pela primeira vez na vida, estou sentindo emoções. Sinto tristeza ou alegria. Ainda continuo muito ocupada, mas não ando mais dando voltas como um pássaro agonizante. Estou escolhendo o que quero fazer, em vez de me comportar como se não tivesse escolha. Estou estabelecendo e alcançando objetivos. E isso me faz sentir muito bem.

Carla ainda está lutando para desfazer o caos financeiro ligado à sua codependência.

– Mas pelo menos estou lutando por alguma coisa. Agora, tenho dinheiro no banco. Posso me dar ao luxo de comer fora de vez em quando. Até já comecei a comprar roupas novas. Isso é novidade. Eu costumava comprar roupas em brechós, e deliberadamente escolhia as piores, peças que achava que ninguém mais poderia querer. Não queria levar nenhuma roupa que pudesse servir a pessoas pobres, que realmente precisavam delas.

Carla também fez outros progressos. Está aprendendo a dizer não. Está descobrindo como defender a si mesma e seus direitos, em vez de lutar somente pelos direitos de outros. Está começando a olhar para dentro de si para descobrir as origens de sua codependência (chamamos isso de trabalho de família de origem).

– Minha família não era má – diz Carla. – Meus pais eram bons, inteligentes e trabalhadores. Não eram de modo algum viciados ou desregrados, embora meu pai tenha abusado de remédios por uns dois anos. Eles eram unidos. Nós nos divertíamos muito.

"Porém, havia problemas. Aprendi a ser mártir. Sempre achei que precisava ser perfeita. Nunca me sentia bem o bastante. Não sabia como lidar com meus sentimentos. Vivíamos em uma pequena comunidade. Durante uma fase da minha infância, as preferências políticas de meus pais nos levaram a ser malvistos na cidade. Eu me senti muito rejeitada e acabei rejeitando *a mim mesma*. Comecei a acreditar que havia algo errado comigo.

Além de olhar para trás, Carla começou a prestar atenção ao seu redor. Agora, consegue perceber como a codependência permeou sua vida:

– Hoje tenho dois grupos de amigos: outros codependentes que se fazem de vítimas e as pessoas que querem me usar e me tratar mal. Estou me esforçando para mudar de amizades. Também estou reavaliando minha vida profissional. Minha codependência influenciou a escolha da minha carreira. A maioria de meus empregos exigia muito e dava pouco em troca. Claro, eu me dedicava demais ao trabalho, depois ficava com raiva porque me sentia usada. Agora, estou aprendendo a estabelecer limites. Algumas pessoas ficam com raiva de mim porque estou mudando, mas não me sinto mais tão usada. Estou aprendendo a parar de perguntar por que as pessoas fazem isso comigo. Comecei a me perguntar por que permito isso.

Os relacionamentos amorosos ainda são um ponto fraco na recuperação de Carla.

– Ainda me sinto atraída pelos homens mais fracos, aqueles que precisam mais de mim – admite. – Mas pelo menos já comecei a dizer "não". Isso é novidade. Costumava me entregar facilmente.

Ela diz que ainda tem muito a fazer quanto à sua autoestima, mas já começou a aceitar melhor a si mesma.

– Estou trabalhando muito com frases de afirmação. Colei várias delas no espelho do banheiro. Isso ajuda. Realmente ajuda. Às vezes, ainda permito que outras pessoas me controlem, por não estar segura de quando devo procurar aprovação das pessoas ou o que é um comportamento codependente. Nem sempre sei distinguir quando é bom me doar e quando estou exagerando. Às vezes, fico amedrontada.

"Mas a melhor coisa que me aconteceu é que comecei a sentir paz. Pela primeira vez, tenho vontade de viver, e agora acredito que há um propósito para a minha vida. Meu relacionamento com meu Poder Superior, Deus, melhorou. Ainda não tenho o controle da minha vida, mas ela está ficando controlável porque estou trabalhando em meu tratamento. Sei que Alguém se importa comigo e me ajuda a cuidar de mim mesma. Estou orgulhosa pela minha recuperação.

Recentemente, quando folheava um álbum de fotografias, Carla se deparou com uma das poucas fotos suas de quando era criança. Ela raramente se deixara fotografar, porque odiava a própria aparência.

– Fiquei surpresa quando vi essa foto. Eu não era feia. Não havia nada de terrivelmente errado comigo, como sempre achei que houvesse. É triste descobrir que passei tantos anos da minha vida pensando assim.

Há pouco tempo, quando entrou no banheiro dos estudantes da escola onde trabalha, Carla encontrou uma menina do 5º ano encolhida em um canto, soluçando. A menina, bonita, de cabelos longos e escuros, havia tentado quebrar o espelho do banheiro.

Carla lhe perguntou qual era o problema. A menina disse que odiava a si mesma e à própria aparência e que queria morrer. Carla gentilmente a confortou, levou-a para sua sala e depois a indicou à psiquiatra da escola.

– Chorei por ela e por mim. Mas as lágrimas não eram só de tristeza – diz Carla. – Chorei porque me senti aliviada. Pelo menos nós duas temos esperança.

Nossas histórias

Essa é a notícia boa, e este livro é sobre isso: esperança para Carla, esperança para a menina que se odiava, esperança para você e para mim. Este livro é sobre esperança, sobre a contínua recuperação desse problema que viemos a chamar de codependência.

Muitos de nós estamos encontrando essa esperança. Frequentamos as reuniões dos Doze Passos, workshops e terapeutas, para obtermos ajuda. Estamos exigindo (ou pelo menos "pensando sobre") nosso direito de nascer, nosso direito de ser, nosso direito de viver e nosso direito de nos recuperarmos.

Hoje em dia, até mesmo pessoas famosas estão admitindo publicamente ser filhos de alcoólicos. Homens, mulheres e crianças (e não apenas adultos-crianças) estão começando a buscar a esperança. Já vi pessoas idosas iniciarem seus processos de recuperação.

– Tenho 75 anos e sinto como se estivesse apenas começando a viver – disse uma mulher.

Costumo ouvir piadas sobre codependência. Conhece aquela da mulher codependente? Toda manhã ela acorda o marido e lhe pergunta como ela vai se sentir naquele dia.

A codependência até já entrou para as páginas da revista *Newsweek*.[1]

O importante é que perdemos nossa invisibilidade. Com isso, mais ajuda e esperança se tornaram disponíveis para nós, como programas de internação para o tratamento da codependência, em que podemos lidar com a nossa fragilidade e com os problemas de nossa família de origem (as mensagens do passado que controlam o que somos hoje, como um programa de computador). Estamos tirando vantagem disso.

Somos parte de um movimento crescente e ruidoso. Estamos dizendo com clareza: basta, já sofremos demais; é hora de agirmos de forma diferente.

Durante anos, chamamos a dependência química e outros distúrbios de "doenças familiares". Agora, estamos acreditando em nossas próprias palavras. Finalmente – como disse Carla –, temos esperança. A palavra *codependência* pode etiquetar um problema, mas também etiqueta a solução: a recuperação.

Muitos de nós sofremos por causa de um relacionamento com uma pessoa desajustada. Para alguns, essa pessoa surgiu na infância; para outros, na vida adulta. Geralmente tivemos relacionamentos com mais de uma pessoa desajustada; esse padrão começou na infância e se repetiu enquanto crescíamos.

Descobrir que sofremos da codependência reafirma uma de minhas crenças: é normal ser codependente. Só pode ser; existem tantos de nós. No entanto, é ainda melhor nos recuperarmos.

Alguns estão em recuperação há mais tempo; outros estão apenas começando. Alguns estão trabalhando em programas duplos ou múltiplos de recuperação; por exemplo: a recuperação da codependência e da dependência química, ou a recuperação da codependência e da compulsão de comer. Podemos nem sempre saber exatamente o que significa estar em recuperação, ou aonde nossos tratamentos nos levarão, mas de qualquer forma estamos agindo.

O que nos espera no futuro?

A palavra *codependência* pode desaparecer. A atenção da mídia e do público podem desaparecer. Porém, não importa como designamos isso; a recuperação da codependência é mais do que uma moda passageira. Começamos a jornada do cuidado e do amor-próprio. Embora possa haver alguns desvios pelo caminho, não vamos mais parar.

Deixe-me finalizar esse capítulo com um caso sobre meu filho Shane, que adora videogames. Ele ficou fascinado por um jogo que oferecia aproximadamente quarenta níveis de dificuldade, cada um mais complicado que o outro; quem conseguia superar os obstáculos e evitar as armadilhas, ganhava forças e não podia ser morto pelo inimigo.

Shane estava jogando muito bem, mas não conseguia ultrapassar determinada fase do jogo. Por mais que tentasse, não conseguia ir adiante. Depois de algum tempo, deixou de acreditar que fosse possível avançar.

Certo dia, uma amiga dele veio visitá-lo, e ele observou como ela jogava. Ela tinha mais experiência; vira o irmão mais velho jogar e aprendera alguns truques. Conseguia pular, desviar-se e correr para os níveis mais altos.

Shane só precisou observá-la um pouco. Depois disso, começou a jogar com confiança e facilidade em fases cada vez mais difíceis. Soltou-se. Assim, conseguiu se superar.

Este livro é sobre isto: acreditar que podemos ir mais longe do que nunca. Vamos amar a nós mesmos pelo que já conseguimos. Vamos ver o quão longe podemos ir. Vamos até lá juntos. Cada um deve fazer seu próprio trabalho, mas fazê-lo em conjunto é o que faz a recuperação funcionar.

2
A recuperação

O que é um codependente?
A resposta é fácil.
São as pessoas mais adoráveis
e carinhosas que conheço.

– Lonny Owen[1]

Apesar da propagação da palavra *codependência* e de tantas pessoas que se recuperam desse problema, ainda é um jargão. Não há uma definição padronizada. Ainda não se chegou a um acordo se a codependência é uma doença, uma circunstância ou uma reação normal a pessoas que nos prejudicaram.

O que a maioria das pessoas concorda é que a codependência é um problema, e é muito melhor se recuperar dela do que continuar com o problema.

Entretanto, se a codependência é tão comum, por que nos preocupamos em lhe dar um nome? Por que não considerá-la normal? Porque ela machuca. A recuperação significa aprender como fazer parar de doer. Neste capítulo, exploraremos o que significa fazer isso.

Para explicar, deixe-me usar uma metáfora. Em 1982, um incêndio quase destruiu a minha casa. Aprendi então algumas verdades sobre o fogo.

O fogo não termina quando os bombeiros o apagam. Reparar estragos de um incêndio pode envolver um processo de recuperação enorme e, às vezes, frustrante.

A brasa pode arder por muito tempo antes de irromper em chamas. O incêndio em minha casa começou de forma silenciosa, mas perigosa, em um colchão, horas antes de irromper em chamas. Eu havia estado no quarto minutos antes de as chamas começarem, e o quarto parecia "normal".

Embora sobrevivamos fisicamente a um incêndio, podemos ser afetados – traumatizados – mental e emocionalmente. Anos após o incêndio, cada vez que via um carro de bombeiros passar, cada vez que ouvia sirenes ou via notícias de uma casa pegando fogo, eu entrava em pânico. Meu coração se apertava. Minha respiração ficava ofegante. Minhas mãos tremiam. Quase sempre, ao sair de casa, verificava duas vezes para ter certeza de que tudo estava bem. *Eu não me sentia mais segura.*

Essas mesmas verdades também se aplicam a um outro fogo, o que viemos a chamar de codependência. Ele pode exigir um processo de reabilitação extenso, por vezes frustrante. Pode arder por longo tempo antes de entrar em chamas. E, embora sobrevivamos ao incêndio, muitos de nós ficam traumatizados.

Vamos explorar essas ideias.

O incêndio não termina quando os bombeiros vão embora

Existem excelentes definições de codependência.

Em 1987, um folheto distribuído em um seminário sobre a dependência química e a família, patrocinado pelo Johnson Institute of Minneapolis, descreveu a codependência como "um conjunto de comportamentos compulsivos adquiridos como forma de sobrevivência por membros de uma família que passa por estresse e grandes dores emocionais [...]. Comportamentos [...] passados de geração a geração, esteja o alcoolismo presente ou não".

Earnie Larsen, o pioneiro em recuperação de Minnesota, chama a codependência de "aqueles comportamentos derrotistas adquiridos ou defeitos de caráter que resultam em uma capacidade reduzida de iniciar ou participar de relacionamentos amorosos".

Uma amiga em recuperação define os codependentes como "pessoas que não tomam conta de si mesmas, mesmo que jamais tenham tido um relacionamento com um alcoólico".

Em *Codependência nunca mais*, descrevi um codependente como alguém que deixou o comportamento de outra pessoa afetá-lo e tem obsessão em controlar o comportamento de outras pessoas.

Essas definições se referem a comportamentos adotados para sobreviver, mas que se tornaram autodestrutivos. Recuperar-se significa extinguir qualquer incêndio que hoje esteja assolando nossos lares e nossas vidas. No entanto, o cerne da recuperação é o processo de reconstrução, às vezes longo e penoso, de adquirir novos comportamentos. Ao nos recuperarmos, deixamos de apenas tolerar a vida e começamos a vivê-la.

Em vez de tentarmos obsessivamente controlar os outros, aprendemos a nos desligar. Em vez de permitir que alguém nos use e nos magoe, estabelecemos limites. Em vez de reagirmos, aprendemos a relaxar e a permitir que as coisas entrem nos eixos. Substituímos a visão limitada pela perspectiva aberta. Deixamos a preocupação e a negação e descobrimos a arte de resolver problemas construtivamente. Aprendemos a sentir e a exprimir emoções; aprendemos a valorizar o que desejamos e necessitamos; deixamos de punir a nós mesmos pelos problemas, bobagens e insanidade de outras pessoas. Deixamos de exigir perfeição de nós mesmos e dos outros.

Deixamos de reagir aos poderosos sistemas defeituosos que têm afetado muitos de nós. Paramos de nos envolver em loucuras. Aprendemos a arte de deixar de sermos vítimas.

Deixamos de tomar conta compulsivamente de outras pessoas e cuidamos de nós mesmos. Aprendemos a ser bons para nós mesmos, a nos divertir e a sentir prazer em viver. Aprendemos a nos sentir bem em relação ao que conseguimos. Paramos de nos concentrar no que está errado e passamos a observar o que está certo. Descobrimos como nos relacionar. Aprendemos a amar a nós mesmos, para que possamos amar outras pessoas de um modo diferente do que vínhamos fazendo.

Recuperar-se também significa lidar com quaisquer outros assuntos ou comportamentos compulsivos que encontramos em nosso caminho. A codependência é furtiva e enganosa. Também é progressiva. Uma coisa leva à outra, e tudo vai ficando cada vez pior.

Podemos nos tornar viciados em trabalho, ou em nos manter ocupados o tempo todo. Podemos desenvolver distúrbios alimentares ou abusar de drogas que alteram o comportamento. Podemos adquirir comportamentos sexuais compulsivos ou nos tornar obsessivos quanto a gastar dinheiro, à religião, a conquistar algo ou às aparências.

Outras complicações também podem aparecer. Podemos desenvolver depressão crônica, problemas mentais ou emocionais ou doenças relacionadas ao estresse.

– Ouvimos falar muito sobre como o alcoolismo é fatal para o alcoólico – diz um homem em recuperação. – Mas não costumamos ouvir que a codependência também pode ser fatal. Muitos de nós pensamos em suicídio, ou chegamos a tentá-lo.

Recuperar-se significa lidar com todo o conjunto de atitudes derrotistas, com os comportamentos compulsivos e quaisquer outros problemas que possam surgir. Entretanto, não lidamos com esses comportamentos ou problemas achando que somos maus por tê-los. Devemos ter em relação a nós mesmos e à recuperação uma atitude de perdão e carinho. Começamos a compreender que os comportamentos que costumávamos ter eram instrumentos de sobrevivência. Estávamos enfrentando o problema e fazendo o melhor que podíamos. Estávamos nos protegendo. Alguns especialistas em recuperação acreditam que esses comportamentos podem ter salvado nossas vidas.

– Se não tivéssemos nos protegido, poderíamos ter desistido ou desenvolvido uma doença fatal e morrido – diz Bedford Combs.[2]

Seja a compulsão para controlar, trabalhar ou comer tortas de nozes, os comportamentos compulsivos, no início, se destinam a extinguir a dor.[3] Começamos a descobrir o que estávamos fazendo: tentando parar a dor. No entanto, também começamos a compreender algo mais. Embora os comportamentos compulsivos possam temporariamente nos ajudar a evitar problemas ou emoções, eles na verdade não extinguem a dor. Eles criam mais dores. Podem até deixar a vida viciosa e problemática.

Então, gradualmente, é preciso adquirir novos comportamentos, mesmo que com relutância, em geral experimentando períodos alternados de avanço e recuo.

Não mudamos completamente. Durante a recuperação é comum ainda nos protegermos por meio de nossos comportamentos de sobrevivência. Às vezes precisamos fazer isso. De vez em quando regredimos, e isso também é normal. Por vezes utilizamos esses comportamentos de modo que funcionem a nosso favor, em vez de contra nós. Por exemplo: ao nos recuperarmos, muitos de nós usamos nossa capacidade de aguentar privações para *ajudar a nós mesmos* a terminar a faculdade.

Durante a recuperação, continuamos nos relacionando com as pessoas. Continuamos a nos importar com elas. Porém, aprendemos que somos responsáveis por nossos comportamentos, e que eles têm consequências. Aprendemos que alguns comportamentos têm consequências contraproducentes, enquanto outros têm resultados benéficos. Entendemos que temos escolhas.

Também aprendemos que não mudamos por nós mesmos, ou por termos uma enorme força de vontade. Interligado ao processo de mudança está o Poder Superior, Deus, como cada um de nós O compreende. Paradoxalmente, mudamos mais justamente naqueles terríveis momentos em que a força de vontade nos escapa.

Práticas espirituais também auxiliam na recuperação da codependência. Aprendemos a fazer coisas intangíveis, como "deixar acontecer e permitir que Deus aja", "entregar-se" e "aceitar", quando estamos assumindo comportamentos mais tangíveis, como tomar decisões e estabelecer limites.

Mudar o comportamento derrotista atual é uma parte importante da recuperação. É como a maioria de nós começa. É o que a maioria de nós precisa trabalhar o tempo todo. No entanto, recuperação é mais do que isso.

As brasas latentes

Quando comecei a me recuperar da codependência, achei que esse problema tivera início quando comecei a me relacionar com alcoólicos. Hoje, acredito que ela foi a causa de eu ter tantos alcoólicos em minha vida.

O fogo pode ter estado latente em mim por muito tempo, provavelmente desde menina. Esse fogo irrompeu em chamas depois dos meus 30 anos, quando cheguei ao fundo do poço e queria pôr fim à vida.

Algumas das brasas latentes daquele fogo eram *as regras do codependente.*

Robert Subby, especialista em codependência e recuperação de adultos-crianças, descreve a codependência como "uma condição emocional, psicológica e comportamental que se desenvolve como resultado da exposição prolongada do indivíduo a regras opressivas e da prática dessas regras".[4]

Essas regras estabelecem:

- Não sinta ou fale sobre suas emoções.
- Não pense.
- Não identifique, discuta ou resolva problemas.
- Não seja quem você é – seja bom, correto, forte e perfeito.
- Não seja egoísta – tome conta dos outros e negligencie a si mesmo.
- Não se divirta, não seja alegre ou goze a vida.
- Não confie em outras pessoas ou em si mesmo.
- Não seja vulnerável.
- Não seja direto.
- Não se aproxime das pessoas.
- Não cresça, não mude e de forma alguma abale a estrutura familiar.[5]

Essas regras provavelmente não estão grudadas na geladeira, ao lado de "limpe seu quarto" ou "tire o lixo", mas podiam muito bem estar.

As outras brasas daquele fogo eram as outras mensagens que interpretei enquanto crescia, que incluíam crenças como:

- Ninguém gosta de mim.
- Não mereço coisas boas.
- Nunca serei bem-sucedida.

Para muitos de nós, o fogo latente também contém outras brasas. Incluem-se aí nossas emoções de infância, emoções que ferem demais para serem percebidas. Muitos de nós rejeitamos esses sentimentos, mas acabamos vivendo situações que recriarão as mesmas emoções de nossa infância que vínhamos negando. As brasas latentes são o passado enterrado vivo, segundo Earnie Larsen.

– Sempre soube que meu pai era um alcoólico. Mas só recentemente descobri que era uma filha adulta de alcoólico. Só recentemente me dei conta do que sinto por ele ter sido um alcoólico. Só recentemente vi o quanto fui afetada por essa doença – afirma uma mulher em recuperação.

A codependência está ligada às maneiras como fomos afetados pelas outras pessoas no passado.

Alguns de nós crescem em sistemas familiares deficientes. Vivemos neles quando crianças, depois recriamos as experiências como adultos. Podemos ter passado muito tempo de nossa vida reagindo a sistemas familiares bastante poderosos.

Podemos ter passado a vida imaginando o que poderia estar errado conosco, quando outra pessoa, ou o sistema, era "o que estava errado". Muitos de nós fomos mais do que "afetados". Muitos de nós fomos, de alguma forma, traumatizados.[6]

Ao escrever sobre a codependência e sobre a síndrome do filho adulto, Timmen Cermak chama isso de "Distúrbio Pós-Traumático de Estresse". Segundo Cermak, isso pode acontecer com pessoas que vivem em ambientes ou situações "fora do que é considerado uma experiência humana normal".[7]

Os sintomas de distúrbios de estresse na codependência são similares aos dos veteranos de guerra. São semelhantes à maneira como fui afetada pelo incêndio que destruiu minha casa.

Podemos, de repente, reviver as emoções, os pensamentos e os comportamentos que tivemos durante a situação traumática original.[8] As emoções e os comportamentos dos codependentes – medo, ansiedade, vergonha e uma esmagadora necessidade de controlar, de negligenciar a nós mesmos e de nos concentrar nos outros – podem emergir repentinamente quando algo inócuo em nosso ambiente nos faz lembrar, ou ao nosso subconsciente, de algo doloroso que tenha acontecido antes.

Essas reações talvez tenham sido totalmente apropriadas durante os fatos que as causaram, mas hoje em dia podem ser impróprias, confusas e contraproducentes.

Após o incêndio, os fatores que desencadeavam em mim reações de estresse eram: ouvir sirenes, ver carros de bombeiros passando e ver no telejornal uma casa pegando fogo. Depois de viver com um alcoólico ou passar por outro tipo de trauma, muitos incidentes podem servir de "gatilhos".

Segundo Cermak, "para as crianças de famílias com dependência química, quase tudo pode ser um gatilho. O som de gelo tilintando no copo, uma expressão de raiva ou crítica, uma discussão, a sensação de perder o controle..."[9]

Outro sintoma do distúrbio de estresse é a *dormência psíquica*. Cermak descreve isso como uma suspensão da emoção a fim de garantir nossa segurança, ou a distância entre o indivíduo e a situação.[10] Para protegermos a nós mesmos, para que a vida continue, para podermos seguir em frente, nos desligamos de nossos sentimentos – de nosso *eu*.

Mais um sintoma do distúrbio de estresse é a *hipervigilância*, a incapacidade de nos sentirmos confortáveis, a menos que estejamos vigiando continuamente tudo e todos à nossa volta. "Eles ficam de sobreaviso", escreve Cermak, "sempre esperando o pior, incapazes de confiar ou de se sentir seguros de novo."[11]

Cermak está descrevendo os veteranos do Vietnã, mas sua declaração se aplica a muitos de nós. Ficamos em guarda. Observamos, ouvimos e nos preocupamos, imaginando o pior. Não nos sentimos mais seguros.

Finalmente, ao discutir essa síndrome, Cermak fala sobre a culpa do sobrevivente: "Quando começam a experimentar a totalidade do que a vida tem a oferecer, imediatamente se sentem como se estivessem traindo aqueles que não tiveram a mesma chance." Ele descreve aí pessoas que sobreviveram à guerra, enquanto outros não conseguiram: "Parece errado ter sobrevivido e continuar saudável, enquanto aqueles que ficaram para trás ainda estão sofrendo."[12]

A recuperação consiste em mudar os comportamentos derrotistas de sobrevivência que aprendemos no passado. Significa apagar as brasas latentes e lidar com quaisquer traumas que tenhamos.

Reconectamo-nos com nós mesmos. Aprendemos a nos dar amor e preocupação. Aprendemos a nos sentir seguros. Nós nos conscientizamos, realmente, de que não há nada de errado em sermos tão saudáveis quanto pudermos ser.

Não somos loucos. Somos codependentes. Recuperação significa apagar o fogo.

No próximo capítulo observaremos como isso acontece.

3
O processo

> Posso lhes dizer como era antes, e posso
> lhes dizer como é agora, mas ainda
> não sei direito o que aconteceu.
>
> – Anônimo

A recuperação é um processo. A recuperação é um processo. Quantas vezes já ouvimos isso? Muitas, porque é a verdade. A recuperação é um processo gradual de conscientização, aceitação e mudança. É também um processo de cura. Entretanto, às vezes a recuperação dá a impressão de que estamos "sendo processados".

Ambas as ideias são verdadeiras. A recuperação é um processo pelo qual atravessamos uma mudança e pelo qual nos transformamos. O importante é aprender quando é hora de fazer algo e quando é hora de deixar algo acontecer.

Embora nossas experiências de recuperação sejam únicas, existem similaridades. Timmen Cermak e outros profissionais identificaram alguns estágios da recuperação.[1] Neste capítulo, exploraremos tais estágios, que são:

- Sobrevivência / negação;
- Reidentificação;
- Problemas centrais;

- Reintegração;
- Gênese.

Sobrevivência / negação

Nesse estágio de pré-recuperação, a negação opera inesperadamente (tomando emprestada uma frase de Robin Norwood),[2] e usamos nossos comportamentos para sobreviver. Não enxergamos os fatos dolorosos demais para serem vistos; não sentimos as emoções dolorosas demais para serem sentidas. Não descobrimos que nossos comportamentos de sobrevivência são autodestrutivos. Na verdade, quase sempre nos orgulhamos de nossos gestos:

"Vejam de quantas pessoas estou cuidando", dizemos aos outros. "Veja o que fiz para controlá-lo!" Nós nos orgulhamos da capacidade de nos privar ou de abafar nossos sentimentos.

"Não é tão ruim assim", dizemos aos outros e a nós mesmos. "Amanhã, as coisas vão melhorar." "Serei recompensado no céu." Ou: "Está tudo bem. O bebezão está de volta aos meus braços." Sorrimos e dizemos: "Está tudo bem." Entretanto, as coisas não estão bem.[3] Perdemos contato com nós mesmos. Não estamos vivendo: estamos apenas existindo.

Então, algo acontece. Possivelmente um grande problema. Talvez o mesmo que já aconteceu tantas vezes. Algo ocorre e nos faz constatar que nossa vida está totalmente descontrolada. Independentemente do que a outra pessoa esteja ou não fazendo, sabemos que nossa vida não vai bem. Estamos aguentando a vida, e não vivendo. Nesse momento, estamos prontos para sermos mudados. Embora possamos não estar certos *do que* seja, sabemos que *algo* mudou. Algo muda. Então, passamos para o estágio seguinte.

Reidentificação

Nesse estágio ocorrem dois importantes eventos.

Reidentificamos a nós mesmos e aos nossos comportamentos. Eu me transformo em Melody, uma codependente em recuperação (ou adulto-criança ou Al-Anon). Em vez de nos orgulharmos de nossos comportamentos de sobrevivência, começamos a vê-los como autodestrutivos.

E nos entregamos. Erguemos a bandeira branca. Aceitamos nossa impotência em relação às outras pessoas, aos seus problemas, ao nosso passado, às nossas mensagens do passado, às nossas circunstâncias, às vezes em relação a nós mesmos e às nossas emoções, ou a qualquer outra área relacionada. Segundo Timmen Cermak, começamos a estabelecer "uma relação realista com a força de vontade".[4]

Algumas pessoas - como a Carla do primeiro capítulo - se sentem imensamente aliviadas ao chegar a esse ponto da jornada.

– Fiquei muito feliz em descobrir que não estava louca; eu era codependente! – diz ela.

Outros ficam com raiva. Recorda um homem:

– Fiquei furioso quando descobri que tinha problema de codependência. Fiquei com raiva de Deus e da vida porque tive que esperar até os 55 anos para descobrir por que minha vida não estava indo bem.

Além de raiva ou alívio, começamos a sentir muitas das emoções que reprimíamos. Nós descongelamos. Fazemos isso quando nos sentimos seguros o bastante. Começamos a sentir toda a dor e a tristeza que tanto nos esforçamos para evitar. Começamos a sentir pesar. Alguns de nós temos mais perdas do que outros para enfrentar.

Conta Sheryl:

– Minha recuperação começou quando deixei meu marido viciado em sexo e minha casa dentro de uma ambulância em direção à clínica psiquiátrica. Queria me suicidar, mas não fiz isso. Queria me separar do meu marido, mas tampouco conseguia. Pedia a Deus para me tirar dali, se Seu desejo fosse esse, e a resposta veio no dia em que a ambulância me levou. Tive alta do hospital seis semanas depois, e nunca mais voltei para meu marido.

"No primeiro ano, todos os dias eu chorava durante horas. Enfrentei todo o caos financeiro criado pela minha relação destrutiva. Pedíamos dinheiro emprestado a todo mundo para viver num padrão que não podíamos manter. Eu quase não conseguia trabalhar. Tive que aceitar um emprego abaixo de meu nível profissional. Pensava em suicídio, e a dor emocional era esmagadora. Tomei antidepressivos, frequentei grupos de apoio quase todas as noites e vivia no consultório do meu psiquiatra. Eu me sentia profundamente amedrontada, desesperada e abalada, como um bichinho assustado.

"Agora a situação está melhor. De vez em quando ainda sinto falta de meu ex-marido, mas não o quero de volta. Financeiramente ainda estou lutando, mas já paguei algumas contas. Arranjei um emprego melhor, estou vivendo num apartamento melhor. Na verdade, agora estou vivendo. Tirei a minha mente e a minha vida *do fundo do poço*, e, não importa aonde for, quero mantê-las bem. Foi uma longa caminhada, e não quero voltar jamais. Não estou disposta a isso. O melhor é que não preciso.

Algumas pessoas em recuperação procuram ajuda profissional durante esse estágio. Outras fazem terapia contra a depressão por um certo tempo. Como Sheryl, alguns aceitam emprego abaixo de suas capacidades. Isso pode ser necessário, mas é frustrante.

Conta outra mulher:

– Sou dentista. Meu namorado é alcoólico e infiel. Morávamos juntos, mas ele me deixou. Agora está vivendo com outra. Ele está empregado. Já eu estou tão deprimida que não consigo trabalhar. Fico o dia inteiro deitada no sofá, comendo chocolate e me transformando numa grande baleia. Fico com tanta raiva! Ele continua com sua vida, e a minha parou. Isso não é justo.

Esse estágio pode ser confuso. Estamos apenas no início da recuperação, depois de termos chegado ao fundo do poço. Nossa fase de tristeza pode exigir muito de nossa energia. Embora estejamos começando a nos recuperar, ainda não dispomos de novas ferramentas para viver.

Agora começaremos a conhecer os conceitos da recuperação, como nos distanciar, não reagir muito e nos libertar. É hora de efetuarmos uma diligente avaliação daquilo que não podemos controlar. É a hora da aceitação. Nesse estágio, começamos a nos relacionar com outras pessoas que estão se recuperando. Nele, estabelecemos – ou restabelecemos – nosso relacionamento com o Poder Superior. Começamos a nos ligar – ou a nos religar – em nós mesmos.

Essa é a hora de lembrar que somos mais do que a dor e os problemas. É hora de nos agarrarmos à esperança. O processo de cura já começou. É como uma recuperação física: a dor é sempre maior no primeiro dia após a cirurgia.

Os problemas centrais

Esse estágio pode ser divertido; às vezes esmagador, mas divertido.

Agora, as luzes se acendem. Passamos a ver e a compreender mais a nós mesmos e nossos comportamentos. Tornamo-nos conscientes. E mais conscientes. E ainda mais conscientes... Geralmente, não sabemos o que fazer com toda essa consciência.

Olhamos para trás e vemos o quanto temos tido comportamentos autodestrutivos. Olhamos ao redor e vemos como a codependência permeou nossa vida. No entanto, estamos também olhando e andando para a frente.

Começamos a estabelecer objetivos e a experimentar novos comportamentos. Aprendemos mais a nos desligar. Descobrimos diferentes maneiras de tratar e de cuidar de nós mesmos. Começamos a estabelecer limites. Aprendemos a lidar melhor com nossas emoções, incluindo a raiva. Podemos dar lentamente os primeiros passos para aprendermos a nos divertir. Começamos a praticar novos relacionamentos e a arte de viver. Podemos tentar algo novo, ficar com medo e voltar aos nossos antigos comportamentos por um tempo. Podemos terminar relacionamentos, ficar amedrontados e depois voltar a examiná-los por algum tempo.

Podemos permanecer mergulhados num estado de consciência – sabendo que estamos fazendo algo, mas nos sentindo incapazes de mudar isso.

Dentro de um curto período de tempo, podemos nos sentir amedrontados, excitados, esperançosos e desesperançados. Em certos dias, duvidamos que algo esteja mesmo acontecendo. Em outros, achamos que estão acontecendo coisas demais. Em outros dias, despertamos sabendo que tudo, na verdade, está bem.

Nesse estágio, a recuperação começa a ter menos a ver com lidar com "a outra pessoa". Torna-se mais um caso pessoal – uma jornada individual para encontrar e construir uma identidade e uma vida. Começamos a sonhar e a ter esperanças de novo, mas nossas expectativas geralmente se centralizam em nossos próprios sonhos, e não nos de outra pessoa. Podemos nos tornar protetores da nova vida e do ser que estamos construindo.

Seguimos um programa de Doze Passos. Frequentamos reuniões de apoio, fazemos terapia e nos relacionamos com amigos saudáveis e encorajadores.

É um período de experimentação e crescimento. É hora de nos sentirmos mais confortáveis com novos comportamentos e menos confortáveis com os antigos. Nossas novas crenças sobre o que podemos e o que não podemos mudar se tornam mais fortes. É hora de começarmos a entender o que significa cuidarmos de nós mesmos. Tentamos, falhamos, tentamos de novo, conseguimos, tentamos um pouco mais, falhamos um pouco mais e, assim, alcançamos um pequeno progresso.

É hora de ser paciente.

A reintegração

Desde que começamos essa jornada, estamos lutando com problemas de poder: falta de poder e encontro com o Poder Superior. Agora, chega a parte mais excitante e paradoxal do processo. Por meio da impotência e da entrega, encontramos o nosso poder pessoal. Ganhamos o poder de fazer o possível, de viver nossas próprias vidas. Assumir o nosso poder é tão importante quanto aprender a aceitar a falta de poder.

Nesse estágio, descobrimos que somos completos, saudáveis e imperfeitos, mas adoráveis e certamente adequados. Tornamo-nos mais tolerantes com nós mesmos. Voltamos a nos aceitar.

Aprendemos a respeitar e a amar a nós mesmos. Também amamos os outros e permitimos que nos amem de formas saudáveis, que fazem com que nos sintamos bem. Aceitamos o fato de que somos bons.

Entretanto, nem saímos distribuindo emoções, nem as reprimimos. Sentimos as emoções, sabendo que isso está certo. Cometemos erros, mas sabemos que isso é normal, e tentamos aprender com eles o melhor que pudermos. Embora a tendência de controlar ainda possa ser nossa resposta instintiva às situações, o desligamento se torna uma reação secundária – porque agora já sabemos que não podemos controlar ninguém.

Às vezes, escorregamos, voltando a cuidar só dos outros, a nos sentir envergonhados e a nos martirizar. No entanto, saímos disso. Podemos ainda nos sentir culpados quando dizemos não, estabelecemos um limite ou nos recusamos a tomar conta de alguém, mas sabemos que esse sentimento de culpa passará. Ganhamos a certeza de que tomar conta de nós mesmos é o melhor para todos. Aprendemos que podemos cuidar de nós mesmos. Sabemos que o que não podemos fazer, Deus pode e fará por nós.

Nessa fase, já aceitamos a ideia de que os problemas fazem parte da vida. Não ficamos reiterando isso, mas ganhamos mais confiança em nossa capacidade de resolvê-los. Nossas mensagens do passado não desapareceram, mas desenvolvemos um ouvido mais aguçado para identificá-las quando tentam nos sabotar.

Nossos relacionamentos com nós mesmos, com os amigos, a família e o Poder Superior têm melhorado. A intimidade se torna uma realidade.

Ficamos mais à vontade para aplicar os quatro conceitos dos poderes de recuperação: aceitar a impossibilidade, encontrar o Poder Superior, assumir nosso poder pessoal e aprender a dividir o poder, participando de relacionamentos.

Às vezes, ainda nos sentimos assustados. Ainda temos dias cinzentos. Porém, eles são cinzentos, não negros. Sabemos que passarão.

Quando alcançamos esse estágio, a vida se transforma em mais do que algo que deve ser suportado. Às vezes ela ainda é difícil. No entanto, por vezes é bastante calma, e em outras é uma aventura. Estamos vivendo tudo isso.

– Estou aprendendo que qualquer coisa pode acontecer – disse uma mulher. – Mas "qualquer coisa" já não significa que seja necessariamente "algo ruim".

A diversão se torna diversão; o amor se torna amor; a vida passa a valer a pena. Ficamos agradecidos.

Conta-nos Lisa:

– Há oito anos, fui a um centro de tratamento para conseguir ajuda para meu marido alcoólico. O terapeuta me disse que em vez de ajudar meu marido, eu devia começar a ajudar a mim mesma.

Lisa começou a trabalhar duro em sua recuperação. Frequentou as reuniões do Al-Anon. Conseguiu terminar a faculdade. E aprendeu a cuidar de si mesma.

– Quando fui àquele terapeuta – diz Lisa –, eu estava um lixo. Viver com o alcoolismo de meu marido foi a pior coisa que me aconteceu. Mas também foi a melhor. Se não tivesse sido tão ruim, eu não teria conseguido sair daquele ponto morto e não teria refeito a minha vida. Sou muito grata por isso.

Durante esse estágio da recuperação, continuamos nosso envolvimento com o programa dos Doze Passos. Às vezes, ainda precisamos pedir ajuda, compreender e aceitar. Porém, o processo de cura já está em andamento.

Gênese

Isso não é o fim. É um novo começo. Não estamos mais carregando conosco nossos *eus* "aprisionados". Nem estamos nos entregando a todos os nossos desejos e caprichos. A disciplina também encontrou lugar em nossas vidas. Como borboletas saídas do casulo, os nossos *eus* estão "voando livres", mas estão entregues a um Poder Superior carinhoso e cuidadoso. Descobrimos uma nova maneira de viver – a maneira que funciona.

Esse é o processo de recuperação. É um processo fluido, com recompensas e decepções em diferentes estágios. Não há um período de tempo estabelecido para atravessar os estágios.

Esse processo começa com a graça de Deus e continua da mesma maneira, garantido pelo nosso compromisso em melhorar. A recuperação significa muitas coisas. É um processo gradual, um processo de cura, um processo previsível. Porém, é também um processo espiritual.

Qual é a nossa parte?

- Frequentar as reuniões de Doze Passos ou outros grupos de apoio.
- Aplicar os Passos e outros conceitos de recuperação em nossa vida.
- Consultar-se com um terapeuta, se necessário.
- Frequentar seminários e grupos de trabalho.
- Manter uma atitude honesta, aberta e desejosa de tentar.
- Lutar contra a frustração, as dificuldades e o desconforto da mudança.
- Manter contato com outras pessoas em recuperação.
- Ler livros de meditação e outros que possam ajudar.
- Continuar receptivo.

Fazer a nossa parte significa ter coragem de sentir o que precisamos sentir e fazer o que precisamos fazer. Nossa parte é fazer nosso trabalho de recuperação. Se cooperarmos da melhor maneira com esse processo, saberemos o que fazer e quando fazer.

A recuperação não é algo que fazemos perfeitamente ou de uma só vez. Nem esse conceito se aplica aqui.

– Ainda estou sendo controladora, mas pelo menos reconheço quando estou fazendo isso – disse uma mulher.

– Vou direto para casa – disse outra – para pedir exatamente o que desejo e de que necessito, tão logo descubra o que seja.

Esses comentários representam a recuperação tanto quanto qualquer impressionante história de "antes e depois". Lutar é normal. Andar para trás é normal. Alcançar pequenos progressos não é apenas bom; é ótimo!

As pessoas que estão se recuperando há algum tempo podem se sentir mais à vontade lidando com certas situações, porque já se encontraram em circunstâncias similares muitas vezes antes, mas elas ainda se esforçam.

Em certos dias, minhas emoções fluem livremente em mim. A aceitação própria vem naturalmente, como se sempre tivesse sido minha amiga. Nem mesmo tenho vergonha de sentir vergonha. Simplesmente reconheço isso, depois sigo em frente com calma. Faço parte do universo; meu lugar existe, e estou encontrando prazer, paz e intimidade nele. Minha vida foi planejada por um Amigo Carinhoso, e tudo que tenho que fazer é vivê-la.

Em outros dias, não consigo distinguir uma emoção de uma tampa de bueiro. Como diz um amigo: "Tenho certeza de que Deus esqueceu meu endereço."

Anne Morrow Lindbergh escreveu em *Gift from the Sea* [Um presente do mar]:

> Vaga como essa definição possa ser, acredito que a maioria das pessoas está consciente de períodos em suas vidas em que parecem estar "em estado de graça", e outros em que se sentem "excluídas da graça", embora possam usar palavras diferentes para descrever esses estados. Na primeira situação, parecemos realizar qualquer tarefa com facilidade, como se levados por uma grande onda; na situação oposta, mal conseguimos amarrar os sapatos. É verdade que grande parte da vida consiste em aprender técnicas de amarrar os sapatos, estejamos em estado de graça ou não.
>
> No entanto, também existem técnicas para viver e até mesmo para buscar a graça. Essas técnicas podem ser cultivadas.[5]

Muito da recuperação significa aprender a amarrar nossos sapatos, sentindo-nos ou não em estado de graça, enquanto cultivamos as técnicas de recuperação. Certos dias são melhores do que outros.

Um homem se aproximou de mim em um grupo de trabalho e disse:

– Tenho 38 anos e estou me recuperando há três. Estou derrubando todos os comportamentos e mecanismos de sobrevivência que me trouxeram até aqui. Desejo muito que a segunda metade da minha vida seja tão boa quanto a primeira parte foi infeliz. A dor passou, mas agora tenho medo.

Bem, eu também tenho medo. Desejo que a segunda metade da minha vida seja tão boa quanto a primeira parte foi infeliz. Tenho medo de que não seja e, às vezes, de que seja. Por vezes, fico apenas assustada. Porém, de qualquer modo, continuo trabalhando pela recuperação. Acredito que, se realmente quisermos que nossa vida seja diferente e melhor e trabalharmos para isso, ela será diferente e melhor.

A codependência é um processo progressivo de reação, falta de ação e má ação.[6] Uma coisa leva à outra, e a situação fica cada vez pior. A recuperação também é um processo progressivo – de ação. Se subirmos alguns degraus, nos sentiremos melhor e a situação também melhorará. A codependência assume uma vida própria, mas a recuperação também.

A recuperação é um processo no qual podemos confiar. Apesar de seus altos e baixos, ela funciona.

Fazemos a nossa parte, depois deixamos acontecer e nos permitimos crescer.

Exercícios

1. Em que estágio da recuperação você está?
2. Que passos você deu para fazer sua parte no processo de recuperação? Tem um plano para cuidar de si próprio? Frequenta as reuniões dos Doze Passos ou de outros grupos de apoio? Com que frequência? Tem lido livros de meditação regularmente? Tem ido a um terapeuta ou está

envolvido em algum tipo de terapia de grupo? Comparece a seminários ou a grupos de trabalho? Lê livros sobre recuperação? Tem contato com outras pessoas em recuperação?

3. Se está se recuperando há algum tempo, o que você já fez que o ajudou a se sentir bem? Continua a fazer isso?[7]
4. Qual foi sua ação mais recente para cumprir a sua parte em sua recuperação? O que ganhou com isso?

4
A sua história e a minha

Alegra-nos pelos dias em que nos afligiste,
e pelos anos em que vimos o mal.
Apareçam a tua obra aos teus servos
e a tua glória aos teus filhos.

– Salmos 90:15-17[1]

A minha história

Há muitas histórias sobre recuperação. Eu tenho uma.

Vários membros da minha família tinham problemas com álcool. Minha mãe era mãe solteira e me criou bem. Estudei nas melhores escolas particulares. Frequentava a igreja, a escola de catecismo e colônias de férias centradas na Bíblia.

Aos 5 anos, fui raptada e molestada por um homem numa igreja abandonada no quarteirão onde eu vivia.

Aos 12 anos, comecei a beber para ficar bêbada. A dor de existir era intensa. Sofria de depressão desde os 4 anos. Na adolescência, minhas recordações de odiar a mim mesma iam tão longe quanto eu conseguia lembrar.

Aos 13 anos, eu tinha blecautes. Eu me formei no ginásio na lista de honra de Twin Cities, e tirava quase sempre a nota máxima. Eu escrevia bem, colecionava realizações e era perfeccionista. Adorava estudar, mas não importava o quanto me saísse bem, nunca me achava "boa o bastante". Sonhara em me tornar escritora e repórter, mas quando me formei na escola secundária, deixei de acreditar que qualquer coisa boa aconteceria em minha vida.

Enquanto crescia, em várias ocasiões as doenças de infância me obrigaram a ficar de cama por um longo tempo. Tive uma amiga durante vários anos e outra por vários meses, mas nenhuma amiga íntima. Não sabia como ser íntima das pessoas. Havia deliberadamente virado as costas para Deus, certa de que Ele havia feito o mesmo comigo.

Ao completar 20 anos, já era viciada em heroína. Meus relacionamentos com os homens se resumiam a uma série de episódios de autodestruição e a envolvimentos loucos com outros viciados em heroína. Quando fiz 23 anos, estava no programa de metadona, um programa do governo que distribuía o substituto sintético da heroína. Aos 26 anos, fui internada na ala de dependência química de um hospital estatal de Minnesota. Tinha um casamento e uma vida fracassados. Não queria parar de usar drogas; queria parar de viver.

Então, algo inesperado aconteceu. Decidi dar a Deus outra chance. Ele decidiu me dar outra chance. Entreguei-me. Aceitei minha falta de poder sobre as drogas. Enxerguei o descontrole que havia em minha vida. Tornei-me honesta e "careta".

Não fui eu quem adotou o programa; foi ele que me adotou.

Depois de oito meses, deixei o hospital com muito medo, poucas esperanças e várias instruções: toda manhã peça a Deus para ajudá-la a não se drogar naquele dia, e à noite agradeça a Ele por ter conseguido; espere pelo menos dois anos antes de começar a trabalhar na área de dependência química e um ano para se envolver em um "relacionamento".

Segui as três primeiras regras. Como meu "relacionamento" não funcionara, considerei que tinha agido corretamente nisso também.

Fiquei sóbria e, sob muitos aspectos, minha vida melhorou. Dois anos após ficar sóbria, fui trabalhar como conselheira familiar e de dependência química. Também me casei e tive filhos.

Sete anos depois de deixar as drogas, minha carreira, meus relacionamentos e minha vida pararam de funcionar. Não importava o quanto desejava ter um relacionamento, eu não sabia como. Estava cercada de alcoólicos. Trabalhava com eles; os adorava; e até havia alguns vivendo em meu sótão. (Eles não queriam ir para um centro de desintoxicação. Será que não poderiam aprender a deixar de beber vivendo em minha casa?)

Sentia-me uma eterna vítima. A sobriedade se tornou, como disse um orador no Gopher State Round-Up 1986, "um longo túnel negro através do qual eu me arrastava; todos os anos uma portinhola se abria e um pedaço de bolo caía ali dentro".

Entrei em depressão. Certo dia, liguei para o número de prevenção ao suicídio e disse a um estranho que estava pensando em acabar com minha vida. Disse a ele que, na verdade, não me mataria, porque muitas pessoas precisavam de mim. No entanto, estava com medo. Tivera uma segunda chance na vida, e não sabia se a queria. Não sabia se valia a pena viver. Não sabia o que estava errado. Achava que todo mundo, incluindo Deus, havia me abandonado. Pensava que estava ficando louca.

Então, algo aconteceu. Descobri que não estava louca. Descobri que, sem tocar numa gota de álcool, eu havia sido atacada pelo alcoolismo de forma tão poderosa e confusa que levaria anos para compreender totalmente. Parei de resistir e comecei a frequentar reuniões para pessoas afetadas pelo alcoolismo.

No princípio, não gostei nem um pouco. Ressenti-me com todas aquelas mulheres animadinhas correndo para lá e para cá com seus rostos sorridentes. Porém, já estava ali. Comecei a chorar e fui honesta. Não procurei o programa dos Doze Passos. Ele veio até mim.

Aceitei minha impotência quanto ao alcoolismo de outras pessoas, quanto à total bagunça que minha vida se tornara. Vi o total descontrole que dominava minha vida.

Eu me deixei tratar. Ergui a bandeira branca. Não passei a viver feliz e contente depois disso, mas comecei a viver minha própria vida. A situação começou a melhorar.

Durante anos, me arrastei pela minha recuperação da codependência, sentindo medo e incerteza em relação ao futuro. No entanto, tinha fé de que estava indo para algum lugar diferente de onde havia estado antes. Lutei e me esforcei para mudar meus comportamentos de tomar conta dos outros, de controlar, de ter baixa autoestima.

Observei como me comportava nos relacionamentos e aprendi a agir de forma a me sentir menos vítima. Aprendi a identificar o que queria e a considerar aquilo como importante. Dediquei-me a me libertar e a praticar o desligamento. Concentrei-me nos meus sentimentos, sobretudo na raiva, à medida que minhas emoções ganhavam vida. Aprendi a terminar e a iniciar relacionamentos. Aprendi a me divertir. Tive que me esforçar para conseguir tudo isso. Levei anos.

Cometi muitos erros. Entretanto, compreendi que também podemos cometer erros. Aprendi a me comunicar, a rir, a chorar, a pedir ajuda. Estou descobrindo como reagir menos e agir mais, calmamente, confiante de que devo ser quem sou.

Aprendi a assumir meu próprio poder. Também aprendi que, para fazer isso, devo retornar constantemente ao ato de me entregar.

A recuperação da codependência tem sido a jornada mais excitante que já realizei.

Aprendi que cuidar de mim mesma não é narcisismo ou indulgência. O cuidado próprio é o que mais ajuda a mim e também aos outros. Meus relacionamentos têm melhorado – com a família, com os amigos, com outras pessoas, comigo mesma e com Deus. A maior dificuldade que enfrentei na minha recuperação foi o fim do meu casamento. Neste momento, estou me dedicando à lição mais dura que já tive que enfrentar. Estou aprendendo como deixar que os outros me amem, e como permitir que "coisas boas" aconteçam na minha vida. Estou aprendendo a deixar Deus me amar e a amar, a realmente amar, a mim mesma.

Consigo ver as muitas maneiras como passei minha vida sabotando a intimidade, os relacionamentos e a mim mesma. Estou mudando meus comportamentos, minhas regras, as poderosas mensagens do passado que controlam o que faço ou não faço hoje em dia. Trabalhei intensamente com afirmações. Estou lidando com uma variedade de formas pelas quais tenho sido afetada pelos outros e por seus problemas. Às vezes, isso significa simplesmente aceitar a realidade como é.

Estou mudando.

Recentemente, durante um programa de rádio, o entrevistador me perguntou se minha vida agora estava melhor. Claro que respondi "sim", mas foi enquanto dirigia para casa depois que me dei conta do que realmente quis dizer. Quis dizer isso: "Tenho muitos dias bons. Tenho outros difíceis. Mas estou vivendo minha vida. Isso é ter uma vida melhor? Com certeza. Pela primeira vez tenho uma vida!"

A sua história

Ao longo deste livro partilharei com você as histórias de várias pessoas. Porém, está faltando uma história importante: a sua.

Os programas dos Doze Passos desenvolveram uma fórmula simples para que contemos nossa história. Como era antes? O que aconteceu? Como é agora?

As pessoas que param de beber podem apontar no calendário e dizer: "Aqui. Esse foi o dia em que deixei de beber." Entretanto, para nós não é tão fácil pegar o calendário e dizer: "Aqui. Esse foi o dia em que parei de tomar conta de outras pessoas e comecei a tomar conta de mim mesmo!" Porém, tente assim mesmo. Como e quando começou sua recuperação? O que fez você chegar a esse ponto?

Pense sobre as mudanças que você causou e as mudanças que aconteceram com você. Que descobertas você fez? Você se sente bem quanto ao seu progresso?

Pense um pouco em como você trabalhou para se recuperar. Com que comportamento lutou mais? Qual foi a maior dificuldade com que teve que lidar em sua recuperação e como superou isso? Qual a melhor coisa que aconteceu em sua recuperação? Liste os pontos nos quais está trabalhando agora. Que recompensas você teve? Como a sua vida está melhor e diferente agora?

No último capítulo, chamei a recuperação de processo. Disse que podemos confiar nesse processo. Quero acrescentar outro pensamento a esse. Não apenas podemos confiar no processo, mas também na direção em que estamos indo.

A recuperação é um processo espiritual de cura. É também uma jornada, não uma destinação. Rumamos da autonegligência para a responsabilidade própria, o cuidado próprio e o amor-próprio. Como em outras jornadas, andamos para a frente, tomamos atalhos, voltamos, nos perdemos e encontramos o caminho de novo e, ocasionalmente, paramos para descansar. Porém, ao contrário de outras jornadas, não podemos atravessá-la forçando o próximo passo. É uma jornada carinhosa, percorrida através da disciplina, da aceitação e da comemoração de onde estamos hoje.

Estamos hoje onde devemos estar, no local que nos permite chegar aonde iremos amanhã. O lugar para onde iremos amanhã é melhor do que qualquer outro em que já estivemos.

Exercícios

1. Escreva a sua história. Em lugar e hora apropriados, partilhe-a com alguém em quem confie.
2. Parabenize a si mesmo pelo que conseguiu.

Parte II

Recaídas

Talvez não devamos chamar
as recaídas de "reciclagens".
Talvez as devamos chamar de
"ciclos de crescimento".
Ou talvez apenas de "crescimento".

5
Reciclagem: o processo da recaída

> "Fale-me sobre a realidade da recuperação",
> disse eu. "Oh, sim", respondeu ela.
> "Você quer dizer dois passos para trás
> e um para a frente."
>
> – Anônimo

— Aconteceu de novo – confidenciou-me Jan. – Aconteceu dez anos depois de começar a minha recuperação da codependência. Steve e eu estamos divorciados. Ele não paga pensão para o filho há seis meses porque bebe e não trabalha, e ainda lhe dei 250 dólares do meu dinheiro suado, provavelmente para ele se embebedar. Estou furiosa! Nem acredito que o tenha deixado fazer isso comigo. Eu devia saber que não podia. Não queria fazer isso. Deixei-o me convencer e me fazer sentir culpada por lhe ter dado dinheiro.

Jan deu um suspiro profundo e continuou:

– Finalmente, fui até a casa dele e exigi o dinheiro de volta. Parecia uma idiota, gritando e berrando. Estou com raiva, deprimida e envergonhada. Às vezes, acho que não sei nada sobre recuperação. Liguei para minha orientadora e me queixei com ela. Depois de todas aquelas reuniões! Toda a terapia! Todo aquele trabalho! Será que tudo isso não significa nada? Ainda continuo cuidando dos outros. Ainda permito que as pessoas me usem. Ainda saio gritando como se fosse louca.

Perguntei a Jan o que sua orientadora lhe disse.

– Ela disse que pelo menos estou indagando por que permito que as pessoas me usem, em vez de indagar por que estão fazendo isso comigo. Disse também que pelo menos posso reconhecer quando ajo como louca.

Há anos, observo as pessoas usarem várias ilustrações para representar a recuperação ou o processo de crescimento. Já vi a recuperação ser retratada como um zigue-zague para cima e para baixo, formando picos cada vez maiores (ver ilustração 1).[1] Já vi a recuperação desenhada como uma espiral de fora para dentro em círculos menores até formar um centro de estabilidade; um círculo interior grande o bastante para permitir o crescimento contínuo (ilustração 2).[2] Também já vi a recuperação ilustrada como uma linha se movendo para cima e para baixo, formando círculos repetitivos e ascendentes (ilustração 3).[3] O que ainda não vi para representar a recuperação é uma figura formada por uma linha reta e ascendente (ilustração 4). Porque a recuperação não é assim.

Ilustração 1

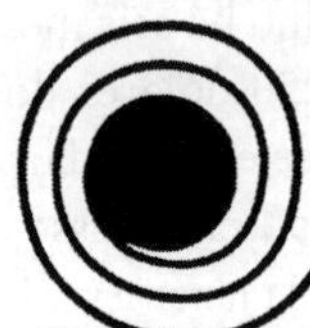

Ilustração 2

Ilustração 3

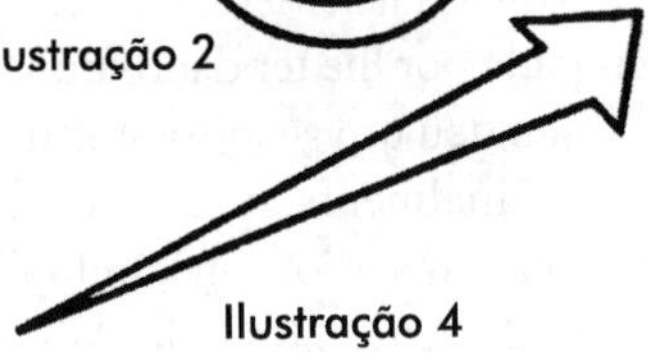

Ilustração 4

A recuperação é um processo. Dentro dele, há um outro que se chama recaída. Regressão, reversão, escorregão, queda – seja lá o nome que demos –, qualquer ilustração que usemos para representar o crescimento precisa demonstrar isso.

Apesar de nossos melhores esforços para nos mantermos nos trilhos, às vezes nos encontramos retornando a antigas maneiras de pensar, sentir e agir, mesmo quando sabemos que não devemos.

A recaída pode chegar de mansinho, ir ficando e acabar por se tornar tão confusa quanto nossa codependência original. Ou pode ser rápida. Às vezes, estamos reagindo às loucuras de outras pessoas. Em outras, estamos reagindo a nós mesmos. Outras vezes, estamos reagindo aos anos de treinamento que tivemos em como ser codependentes. Por vezes, estamos apenas reagindo.

Por muitas razões, podemos surpreender-nos tendo reações idênticas às que pensávamos já ter abandonado. Começamos negligenciando a nós mesmos, tomando conta dos outros, sentindo-nos vítimas, reprimindo sentimentos, reagindo demais, tentando controlar, sentindo-nos dependentes, carentes, culpados, amedrontados, comprometidos, deprimidos, privados, não merecedores e presos numa armadilha. As loucuras da codependência reaparecem, e nos sentimos envergonhados até a alma.

Não precisamos ficar envergonhados. Entrevistei milhares de pessoas em recuperação, e nenhuma delas disse ter tido uma recuperação perfeita.

Charlene relembra:

– Achei que havia algo terrivelmente errado comigo. Continuava ameaçando deixar meu namorado, mas não o deixava. Eu me sentia desligada das pessoas, sozinha no mundo. Ficava irritada, deprimida e não conseguia dormir. Achei que estava morrendo. Fui ao médico. Ele disse que eu estava ótima, mas não me sentia assim. Isso continuou por meses até eu descobrir que era a codependência. Fiquei realmente assustada. Tive trabalho, mas agora estou de volta aos trilhos.

Jack conta sua história:

– Estou me recuperando da codependência e do vício das drogas. No último fim de semana, a mulher de um amigo me telefonou. Esse amigo ainda está bebendo, e a mulher dele está pensando em frequentar o Al-Anon. Ela planejava passar o fim de semana fora e me pediu para ficar com ele nesse período. Disse que *ele* realmente queria ficar sóbrio naquele fim de semana, e que *ele* queria ir pescar comigo. Concordei. Quando cheguei lá, descobri que o marido dela não tinha a menor intenção de ir pescar. O que ele queria era beber. Ela armou uma cilada para que eu fosse babá dele no fim de semana. Eu me senti enganado e preso numa armadilha. Foi um dos piores fins de semana que já tive em dois anos de recuperação. Não pude abrir a boca e sair. Isso foi um grande escorregão, uma recaída na codependência.

Marilyn relata seu caso:

– Eu me recuperava havia cinco anos quando passei a viver com Bob. Ele é um alcoólico em recuperação. Um ano mais tarde, estava vivendo com um alcoólico que não bebia e que tinha deixado de frequentar suas reuniões de recuperação. Comecei a me sentir louca de novo. Eu me sentia culpada, insegura, carente e ressentida. Isso foi acontecendo gradualmente. Fui escorregando lentamente nessa direção. Parei de estabelecer limites. Parei de indagar o que eu queria e de que necessitava. Parei de dizer "não!". Parei de cuidar de mim mesma. Não conseguia descobrir o que estava errado. Então, um dia, quando estava considerando terminar o relacionamento, descobri que pensava: *Não! Não posso fazer isso. Não posso viver sem ele.* Esse pensamento me sacudiu para a conscientização e a ação. Sei muito bem que não devo andar para trás.

As recaídas acontecem com muitos de nós. Acontecem com pessoas que vêm se recuperando há dez meses ou há dez anos. Acontecem não porque somos deficientes ou relaxados, e sim porque são uma parte normal do processo de recuperação.

Na verdade, é tão normal que não vou chamar isso de recaída. Vou chamar de "reciclagem".[4]

Recaída, de acordo com o dicionário, significa escorregar ou cair de novo em uma condição anterior depois de melhorar ou *demonstrar* melhora. *Reciclar-se* significa se recuperar, atravessar de novo um ciclo, ou parte dele, para verificação ou tratamento.

– Recaída soa como voltar todo o caminho que percorremos até o ponto de partida – explica meu amigo Scott Egleston, que é também terapeuta. – Não queremos começar tudo de novo. Quando terminamos o processo de reciclagem, avançamos em nossa jornada de recuperação.

A reciclagem é mais do que uma parte normal da recuperação. Às vezes, é uma parte necessária. Por exemplo: no começo deste capítulo, Jan declarou que permitiu ao ex-marido tirar dinheiro dela. Sua história não acabou: quatro meses depois do incidente, Jan tomava café com sua orientadora. Esta lhe perguntou se havia aprendido algo com o incidente.

– Sim – disse Jan –, aprendi algo valioso. Aprendi que aquele incidente fazia parte de uma lição maior e mais importante que eu estava por aprender. Financeiramente, estava finalmente me levantando e começando a deixar para trás as pessoas doentes da minha vida. Estava enfrentando a tirania e me libertando da culpa de ficar saudável. A lição que estava aprendendo envolvia a ideia de que podia sentir compaixão pelas pessoas sem me envolver com elas.

Todos os incidentes de reciclagem podem ter epílogos. Podemos tirar proveito deles. Reciclar-se é a chance de fazer nosso trabalho de recuperação. É uma maneira de descobrir o que precisamos trabalhar e superar. É uma maneira de percebermos o que não aprendemos ainda, para que possamos começar a aprender. É uma forma de solidificar o que já aprendemos, para que continuemos a saber disso. Reciclar-se significa aprender nossas lições para que possamos seguir adiante em nossa jornada.

Exercícios

1. Como você ilustraria a recuperação?
2. À medida que prossegue neste livro, você pode começar a reunir uma lista de afirmações. Aqui vão algumas sugestões de afirmações sobre reciclagem:

- Minha história de recuperação está correta. Todas as minhas experiências são necessárias e valiosas.
- Estou aprendendo o que preciso saber. Aprenderei tudo o que preciso na hora certa.
- Estou exatamente onde devo estar.

6
Situações comuns de recaída

> "Obrigada por escrever
> *Codependência uma vez mais*. Opa! Um escorregão freudiano. Quero dizer,
> *Codependência nunca mais*."[1]

Anne Wilson Schaef disse certa vez que a sociedade está repleta de convites pra sermos codependentes.[2] Se não somos convidados, podemos nos convidar. Neste capítulo, exploraremos algumas dessas situações.

Reciclando-nos no trabalho

Podemos nos reciclar no trabalho por muitas razões. Às vezes, trazemos nossos comportamentos conosco. Se ainda estamos tentando controlar as pessoas em casa, podemos estar fazendo o mesmo no trabalho. Se não estamos estabelecendo limites em casa, podemos também não estar fazendo isso no trabalho. Outras vezes, adquirimos a capacidade de cuidar de nós mesmos em casa e em nossas relações pessoais, mas não aprendemos a nos cuidar no trabalho e nos relacionamentos profissionais.

Outras vezes, as dificuldades no trabalho podem indicar um problema maior de que precisamos cuidar.

– Não estou feliz no meu trabalho – diz Alice, que há muitos anos está se recuperando da codependência. – Tenho reclamado e chorado por isso. Então, decidi consultar um terapeuta e, durante a sessão, cheguei a uma nova conclusão: não gosto de meu emprego. Aceitei-o para satisfazer os anseios de meus pais. Depois, continuei nele porque eles não aprovariam se eu me demitisse. Posso até ouvi-los: "Todos esses benefícios, todo esse tempo de serviço, você vai se demitir e largar tudo?"

– Sim – disse Alice –, é exatamente isso que vou fazer.

Às vezes, descobrimos que estamos trabalhando com um alcoólico ou outro tipo de pessoa perturbada. Um viciado pode causar tanto caos no trabalho quanto em casa.

Quando um famoso hospital ofereceu um emprego a Marlyss, ela ficou exultante. Oito anos antes, ela havia começado a se recuperar da codependência, e desenvolver sua carreira era uma grande parte disso. Porém, dois anos e meio após começar a trabalhar no hospital, Marlyss achou que estava enlouquecendo de novo.

– Finalmente, descobri o que estava acontecendo – disse ela. – Eu havia sido promovida para uma posição de supervisão. Meu supervisor era alcoólico. As enfermeiras sob minha supervisão estavam reagindo ao meu supervisor alcoólico e ao sistema louco. Eu estava reagindo a tudo: ao meu supervisor e às enfermeiras que eu supervisionava. Estava novamente no velho papel de pacificadora e cuidadora, sentindo-me responsável por tudo e por todos. Era como o meu sistema familiar costumava ser. Então, sentia-me como antes: realmente codependente.

Marlyss começou a praticar o desligamento no trabalho. Depois de algum tempo, mudou de emprego e está lá há três anos.

– Adoro o novo trabalho – diz ela. – Mudar de emprego foi uma das melhores coisas que já fiz.

Algumas pessoas podem descobrir que foram contratadas por pessoas abusivas ou importunas.

– Meu chefe me tratava muito mal – disse Ella. – Ele era verbalmente abusivo. Fazia insinuações sexuais. Estava me recuperando da codependência havia anos, mas levei meses para descobrir que não era eu quem estava fazendo algo errado; era ele.

Jerry, um alcoólico e codependente em recuperação que tem seu próprio negócio, teve a seguinte experiência:

– Contratei uma nova secretária. No começo, ela era fantástica. Queria aprender tudo e trabalhava muito. Pouco depois, descobri que era casada com um alcoólico. Primeiro senti pena dela, depois fiquei com raiva. Quando ele bebia muito, ela não queria ficar em casa. Trabalhava até tarde e nos fins de semana, e me cobrava horas extras. Demorava mais do que o normal para terminar o trabalho. Estava cometendo muitos erros à minha custa.

"No começo, eu não disse nada. Sugeri que frequentasse o Al-Anon, mas ela não estava pronta para isso. Senti vergonha de ficar com raiva. Ela realmente sofria por ser casada com um alcoólico. Mas eu também podia ver como ela continuava a permitir que o marido a usasse. Fiquei cada vez com mais raiva, então as peças começaram a se encaixar. Deixei de sentir pena dela e comecei a tomar conta de mim. Sei que não passa de um mito dizer que os codependentes são mais doentes que os alcoólicos. Sei o quanto dói ser codependente; eu também sou. Mas também estou começando a ver como é difícil lidar com um codependente. Você pode ficar tão codependente de um codependente quanto um codependente pode ficar de um alcoólico.

A família é um sistema com regras, personalidades e papéis próprios. Os locais de trabalho também podem ser assim. Nesse sistema, também existem pessoas com distúrbios. Às vezes, o próprio sistema é desajustado, aberta ou disfarçadamente.

– Eu me recuperava havia quase dois anos quando fui trabalhar em uma estação de rádio – disse Al, um filho de alcoólico. – Realmente queria o emprego. Ainda quero. Mas, puxa, ele estimulava minha codependência. É uma estação pequena, com um orçamento pequeno, poucos empregados e uma grande missão: fazer tudo o que puder para salvar a cidade.

"Depois de trabalhar aqui uns dois meses, notei que muitos sintomas da minha codependência tinham reaparecido. Dessa vez, não era quanto a meus relacionamentos; era quanto ao meu emprego. Estava trabalhando sessenta horas por semana, negligenciando a mim mesmo, sentindo que, não importava o quanto eu fazia, não era o suficiente. Ficava irritado, com raiva e culpado porque não podia fazer mais. Quando pensava em estabelecer limites ou cuidar de mim mesmo, me sentia mais culpado ainda. Como podia ser tão egoísta? Quem faria tudo se eu não fizesse? E nossa missão? Não havia o bastante de mim para dar conta de tudo. Agora, estou pensando em como tomar conta de mim mesmo nessa empresa.

Sally estava numa situação difícil no emprego. Vários anos depois de começar a se recuperar da dependência química e da codependência, ela assumiu uma posição de gerenciamento em um grupo de vendas. Depois de seis meses, começou a se sentir "louca" de novo.

– Exatamente como nos velhos tempos – disse Sally. – A política da empresa ia além da venda sob pressão. Envolvia práticas desonestas. A firma usava as pessoas, empregados e clientes. Não me sentia confortável seguindo a política da empresa. Durante algum tempo, tentei fingir que sim. Depois, ficou difícil continuar fingindo. Conversei com meu supervisor. Ele compreendeu, mas política de empresa é política de empresa. Nessa época, eu já havia aprendido que não podemos mudar as pessoas. Agora, estava descobrindo que tampouco podíamos mudar uma corporação. A única coisa que me restava a fazer era mudar a mim mesma. Foi o que fiz. Mudei de emprego.

Earnie Larsen, respeitado escritor e conferencista sobre problemas de recuperação, há anos defende a teoria de que certos sistemas demandam comportamentos doentios das pessoas neles envolvidas. Ele se referia a famílias, mas sistemas de trabalho também podem ser muito exigentes.

Às vezes, a reciclagem no trabalho é uma indicação de que há algo que precisamos trabalhar ou superar. Outras vezes, é um indicador do quanto crescemos. Geralmente, escolhemos relacionamentos tão saudáveis quanto nós e que satisfaçam as nossas necessidades presentes (mas mutantes); normalmente, também escolhemos empregados assim. Podemos crescer fora dos relacionamentos; também podemos crescer fora do trabalho.

– Comecei a trabalhar durante o primeiro ano de minha recuperação da codependência – disse Kelly. – Naquela época, estava arrasada, esmagada por um relacionamento doentio que se estendia havia anos. No começo, o emprego me pareceu bom. Era seguro. O trabalho não exigia muito, mas me mantinha ocupada. As pessoas eram boas. Achei que me encaixava bem ali.

Depois de oito meses, Kelly começou a mudar de opinião sobre o emprego. Ela se sentia no lugar errado. Começou a reprimir seus sentimentos, ficando anestesiada no trabalho.

– Não sei como ou quando isso aconteceu, mas vi que não me ajustava mais. Quanto mais saudável me sentia, mais via que muitos de meus colegas eram vítimas e queriam que eu também fosse. À medida que procurei tomar conta de mim mesma, eles ficaram com mais raiva de mim. Eu me senti arrasada. Queria me sentir bem e fazer parte do grupo. Mas não queria ser vítima.

Embora Kelly tenha decidido ficar no emprego por mais um tempo, ela diz que logo se demitirá. Está se recuperando há tempo suficiente para saber que uma mudança não é necessariamente ruim, mas pode nos conduzir ao nosso próximo nível de crescimento.

Além dos locais de emprego, outros sistemas podem nos convidar a um comportamento codependente. Podemos nos reciclar em uma igreja, em grupos de recuperação e em associações sociais, profissionais ou de caridade. Onde as pessoas se reúnem, sempre existe a possibilidade de usarmos nossos comportamentos codependentes de sobrevivência.

Len, um codependente em recuperação, conta:

– Eu ia para a igreja aos domingos me sentindo bem. Mas saía de lá envergonhado. Nunca me sentia realmente bem, não importa o que eu fizesse. Eu me sentia constantemente pressionado para ser voluntário. Não sabia dizer se estava dando dinheiro porque queria ou porque me sentia culpado. Passava bem a semana toda, mas na igreja me sentia confuso.

"Então, mudei de igreja. Precisava ouvir que Deus me ama, não que Ele está esperando para me punir. A vida inteira senti medo e condenação. Olhando para trás, acho que a igreja me fazia sentir vergonha, tanto quanto a minha família. Só descobri isso quando comecei a ficar mais saudável.

Podemos nos reciclar também na terapia ou em grupos de apoio. Conta Theresa:

– Eu sabia que era alcoólica e que precisava dos Alcoólicos Anônimos. Também sabia que era codependente e que precisava do Al-Anon. Mas os membros de meu grupo do AA começaram a me pressionar. Disseram que, se eu realmente estivesse cumprindo o programa do AA, não precisaria do Al-Anon.

"Saí do Al-Anon e comecei de novo a me sentir realmente desajustada. Mas depois cheguei à conclusão de que não cabia às pessoas do meu grupo do AA aprovar ou não a forma como eu lidava com a codependência. Ou eles não compreendiam ou não toleravam o fato de eu frequentar o Al-Anon. Eu não precisava compreendê-los; meu problema era cuidar de mim mesma.

Cuidar de nós mesmos pode significar mudar de emprego, de igreja ou de grupo. Ou pode significar descobrir como devemos nos comportar no emprego, na igreja ou no grupo que frequentamos. Theresa continuou a frequentar o mesmo grupo do AA. E continua a frequentar o Al-Anon.

Reciclando os relacionamentos

Num relacionamento, a reciclagem é possível e frequentemente previsível. Podemos desistir de nosso poder e ficar confusos com estranhos ou com pessoas que conhecemos há anos. Podemos começar a reagir às pessoas que amamos e àquelas de quem não estamos certos de gostar. Quando outras pessoas se comportam mal, podemos nos sentir culpados, como se fosse culpa nossa. Por vezes, nos reciclamos sem nenhuma ajuda delas.

Às vezes, precisamos aprender a usar certas capacidades de recuperação que adquirimos num tipo de relacionamento (por exemplo, num relacionamento amoroso) em outro tipo de relacionamento (por exemplo, numa amizade).

– Consigo estabelecer limites com meu marido e com meus filhos. Mas sou péssima em fazer o mesmo com amigos – diz uma mulher.

Podemos reagir a novas pessoas em nossas vidas – pessoas cujo vício ou cujos problemas nos pegam de surpresa. Ou podemos reagir às pessoas cujo vício ou disfunção conhecemos bem demais.

– Posso estar muito bem – diz Sarah. – Mas, depois de dez minutos ao telefone com meu ex-marido, me transformo num caso patológico. Ainda tento confiar nele. Ainda entro em negação sobre seu alcoolismo. Ainda fico presa na vergonha e na culpa quando falo com ele. Levei muito tempo, mas finalmente estou aprendendo que não tenho que falar com ele. Sempre acontece o mesmo.

Às vezes, os relacionamentos passados nos ensinam lições importantes. Podemos precisar voltar tempo suficiente para descobrir que não queremos ficar desse jeito.

Almoço, jantar, festa ou outras reuniões de família podem desafiar nossa recuperação. Além de desencadearem uma reação ao que acontece durante o dia, podem despertar antigos sentimentos.

Lidar com membros da família, estejamos em recuperação ou não, pode ser perturbador.

– Fico presa ao telefone com certos parentes – explica Linda. – Posso me sentir percorrendo todo o processo: com raiva, culpada, depois anestesiada. Eles não estão em recuperação. E falam e falam. Digo que preciso desligar, mas eles não me ouvem. Além de desligar na cara deles, não sei mais o que fazer!

"Às vezes, isso me deixa exausta durante horas. Fico com tanta raiva! Minha família é importante pra mim, mas gostaria de gravar todas as conversas e fazê-los ouvir a si mesmos por horas seguidas, como fazem comigo. Eu me recupero da codependência há oito anos. Sei que a solução não é fazer com que outras pessoas ouçam a si mesmas e "vejam a luz". A solução é ouvir a mim mesma e "ver a luz". Às vezes, consigo lidar com minha família, mas outras vezes ainda fico muito perturbada.

Podemos, periódica ou ciclicamente, reagir a certas pessoas em nossas vidas:

– Notei que minhas reciclagens nos relacionamentos ocorrem em ciclos – diz uma mulher. – Fico bem por alguns meses, depois parece que surgem loucos até pelos buracos das paredes. Geralmente, são as mesmas pessoas, e o tempo todo elas parecem determinadas a infiltrar sua insanidade em mim. Não consigo entender. Mas compreendo isto: já é hora de me desligar e de cuidar de mim mesma.

Lidar com crianças pode desafiar nossa recuperação.

– Sei muito bem como cuidar de mim em relação ao restante do mundo – diz outra mulher. – Mas, com as crianças, me sinto culpada quando digo não. Sinto culpa quando fico com raiva delas. Sinto-me culpada quanto a discipliná-las. Permito que me tratem terrivelmente, depois sou eu que me sinto culpada!

"Meu filho admitiu que deliberadamente usa certas táticas para me fazer sentir culpa. Em seus momentos de fraqueza, chama isso de 'armadilha da culpa'. Ele admitiu que me compara com outras mães e mente sobre o que elas deixam os filhos fazerem, para me controlar. Meus filhos sabem o que fazem. Já é hora de eu aprender o que preciso fazer.

Diz um homem divorciado:

– Para mim, estabelecer limites com meus filhos é mais difícil do que fazer isso no emprego, com amigos ou com minha namorada. Eu me sinto culpado quando faço isso e, quando não faço, me sinto uma vítima.

Lidar com os filhos dos outros pode ser mais difícil do que com os nossos. Perguntei a pessoas em recuperação:

– Qual é a maior dificuldade em seu relacionamento?

– Lidar com as crianças – responderam muitas das que estavam em relacionamentos que envolviam filhos de casamentos anteriores.

No entanto, o maior desafio em nossa recuperação ainda parece ser os relacionamentos amorosos.

– Não sei como estar apaixonada e não ser codependente – diz uma mulher em recuperação. – Saí com um homem por mais de um ano. No instante em que passamos a morar juntos, ambos deixamos de cuidar de nós mesmos e passamos a tentar controlar um ao outro. Foi realmente uma loucura. Quando estou apaixonada, vale tudo. Normalmente o que descamba primeiro são os meus comportamentos de recuperação.

Podemos não nos sentir confortáveis quando um relacionamento fica muito íntimo ou bom demais. Crises e caos podem não fazer bem, mas também podem nos deixar confortáveis. Às vezes, ficamos com tanto medo de algo ruim acontecer que acabamos causando os problemas.

– Estou vivendo um bom relacionamento, com um tremendo potencial – conta uma mulher em recuperação. – Nós nos damos muito bem, mas, quando as coisas ficam boas demais, sempre crio um problema. Antes, eu não conseguia ver que isso era meu padrão. Achei que a situação uma hora estava boa, e em outras ficava ruim. Agora estou começando a observar meu comportamento.

Há muitas razões para a reciclagem nos relacionamentos. Às vezes, o relacionamento está acabado, mas não estamos prontos para terminá-lo. Outras vezes, a relação precisa ser desfrutada, mas estamos com medo demais para fazer isso. Em outras, causamos atritos para evitar a intimidade. Às vezes, a paixão pode se parecer com a codependência: quando os limites se enfraquecem, nos concentramos na outra pessoa e temos a sensação de perda de controle. Certas vezes, o que chamamos de "comportamentos codependentes" é uma parte normal de relações íntimas ou amorosas.

É nos relacionamentos que demonstramos nossa recuperação. Cuidar bem de nós mesmos não significa evitar relacionamentos. O objetivo da recuperação é aprender como eles funcionam. A tarefa durante a reciclagem é relaxarmos e nos permitirmos aprender o que devemos.

Outras situações de reciclagem

Muitas outras circunstâncias podem desencadear a codependência. Por vezes, começamos a negar que o problema seja real e que somos responsáveis por nossa recuperação. Podemos negligenciar nossa recuperação e deixar de cuidar de nossa vida. Às vezes, negligenciamos a nós mesmos antes de um incidente de reciclagem; em outras, fazemos isso depois que começamos a reciclar, fazendo a situação piorar.

– Quanto tempo preciso trabalhar na minha recuperação? – perguntou-me uma mulher, respondendo em seguida a sua própria pergunta: – Acho que é pelo resto da vida. Quando deixo de levar a sério a recuperação, minha vida enlouquece de novo.

Às vezes, nossas antigas reações surgem *sem razão.*

Reciclar é parte do processo experimental que atravessamos quando lutamos para adquirir novos comportamentos e nos desfazemos dos antigos hábitos contraproducentes.

Ficar doente ou cansado demais pode gerar reações de codependência. O estresse – de hoje e de ontem – pode desencadear a codependência. A reação instintiva a situações estressantes pode ser negligenciarmos a nós mesmos.

Incidentes inócuos que nos lembram eventos traumáticos também podem desencadear a codependência. Escreve Cermak em *Diagnosing and Treating Co-Dependence* [Diagnosticando e tratando a codependência]:

Uma vez que uma pessoa tenha sido afetada por incidentes traumáticos, ela está suscetível a uma repentina ressurgência de emoções, pensamentos e comportamentos que estavam presentes durante o trauma. Essa ressurgência quase sempre ocorre quando o indivíduo se depara com algo que simbolicamente representa o trauma original – um 'gatilho'.[3]

Os gatilhos lembram ao nosso subconsciente um acontecimento traumático, fazendo emergir sentimentos e comportamentos codependentes. Isso pode incluir:

- sentir ansiedade ou medo;
- reprimir as emoções ou "ficar anestesiado";
- concentrar-se nos outros e negligenciar a si mesmo;
- tentar controlar coisas, eventos ou pessoas;
- experimentar subitamente uma baixa autoestima;
- ter qualquer dos comportamentos ou emoções codependentes que ocorreram durante o fato real.

Automaticamente, começamos a reagir e a nos proteger.

Cada um de nós tem seus próprios gatilhos. Se algo estava relacionado a um acontecimento assustador ou angustiante, agora pode ser um gatilho.

Quase tudo pode desencadear a codependência:

- conflitos;
- a ameaça de alguém nos deixar, mesmo se queremos que ele ou ela nos deixe;
- confrontos;
- pagar contas;
- ou até uma determinada canção.

Tudo que esteja ligado a uma experiência traumática do passado, ou que se pareça ou represente isso, pode ser um gatilho. Apaixonar-se pode parecer codependência; também pode desencadeá-la.

Compreender nossos gatilhos pode não fazer com que essas repentinas ressurgências de codependência desapareçam, mas pode nos ajudar a escapar mais rapidamente.

– Pagar contas pode ser um gatilho para mim – diz Carol. – Agora, tenho dinheiro. O problema não é esse. O problema foram todos os anos em que estive casada com um alcoólico e não havia dinheiro suficiente. Antes de descobrir meus gatilhos, ficava ansiosa e perturbada no dia em que pagava as contas. Agora, reconheço o que está acontecendo. Ainda fico sobressaltada, mas digo a mim mesma que está tudo bem. Agora, tenho dinheiro suficiente. E vou continuar a ter.

Os problemas e os traumas não são os únicos fatores que podem provocar codependência. O sucesso, em qualquer área de nossa vida, pode fazer com que recomecemos a controlar e a tomar conta.

– Sei como lidar com emergências, tragédias e decepções – confidencia uma mulher em recuperação. – Mas não sei como lidar com o sucesso, o sossego e os relacionamentos amorosos. Essas coisas não me deixam à vontade. Fico assustada. Acho que algo ruim vai acontecer. Algo terrível sempre aconteceu no passado. É difícil acreditar que mereço coisas boas. É ainda mais difícil acreditar que elas possam durar.

Mudanças de circunstância podem nos levar a processos de reciclagem. Mudar de emprego ou de casa, terminar um relacionamento ou a ameaça disso, uma mudança nas finanças ou na rotina podem ser enervantes. Até as mudanças desejáveis podem trazer uma sensação de perda. A maioria de nós já passou por tantas mudanças e perdas que não queremos passar por nada mais.

Uns seis meses depois de publicar *Codependência nunca mais*, minha vida começou a mudar. Estava trabalhando em um jornal e, à noite e nos fins de semana, escrevia artigos para outras publicações. Começaram a chover pedidos para que eu fizesse palestras. Encaixava tudo isso na rotina de criar sozinha duas crianças. Estava também tentando me envolver no meu próprio processo de recuperação e encontrar tempo para me divertir.

Minha vida continuou se enchendo de novas atividades. Continuei tentando me prender às antigas e abrir espaço para as novas. Fiquei esperando que a vida voltasse ao normal. O que não vi era que o normal havia mudado.

Então peguei uma pneumonia dupla. Soube do diagnóstico 24 horas antes de fazer uma palestra. Achei que não seria correto cancelar bem na véspera, por isso me forcei a ir. Quando voltei para minha cidade, estava devendo vários artigos para o jornal. Disse a mim mesma que tampouco poderia cancelar aquilo.

Passei o dia lutando para escrever um artigo que normalmente escreveria em três horas. Depois de oito horas, não escrevera nem um parágrafo. Fiquei acordada até tarde, esperando que o silêncio pudesse me fazer pensar com mais clareza. Perto de 20 horas, só conseguira escrever quatro ou cinco parágrafos.

Ao parar um pouco para descansar, ouvi uma vozinha dentro de mim: *É hora de cuidar de si mesma.* Eu estava viajando pelo país inteiro pregando essas palavras. Havia escrito um livro levando essa mensagem. Agora era hora de escutar a mim mesma.

Quando recomeçamos a sentir as loucuras da codependência, sabemos que é hora de cuidar de nós mesmos.

Se nos reciclamos ou não, nessas horas podemos nos beneficiar dando atenção especial ao cuidado próprio. Se estamos reagindo a um sistema, a uma pessoa, a nós mesmos, ao nosso passado, ou apenas reagindo, tomar conta de nós mesmos continua não sendo motivo para culpa. É nossa responsabilidade.

Há uma lição entre nossa primeira reação – sacudir o dedo para outra pessoa e dizer: "A culpa é sua." e – nossa segunda reação – virar o dedo para nós mesmos e dizer: *O que está errado comigo?* Cabe a nós aprender essa lição.

Exercícios

1. Algum incidente de reciclagem lhe veio à mente ao ler este capítulo? Como cuidou de si mesmo nessa situação?
2. Alguma pessoa em particular parece desencadear sua codependência? Quem? O que acontece? De que maneiras você pode começar a cuidar de si mesmo perante essa ou essas pessoas?
3. Observe os "gatilhos" em sua rotina diária. O que parece provocar aqueles antigos sentimentos de codependência "sem razão alguma"? Procure a razão, a conexão com o passado. Quando isso acontecer, o que pode dizer a si mesmo para se sentir melhor?

7
Atravessando os ciclos

Ainda tenho dias ruins, mas tudo bem.
Eu costumava ter anos ruins.

– Anônimo

Reciclar pode significar um retorno momentâneo aos nossos antigos comportamentos. Ou pode levar a problemas mais sérios: depressão, uso de drogas, ou alguma doença física. A codependência é progressiva; reciclar também pode ser. Podemos nos atolar num lugar, tentar sair e então descobrir que estamos cada vez mais atolados.

Se nossa experiência de reciclagem dura seis minutos ou seis meses, nossa reação instintiva geralmente é de negação, vergonha e autocondenação. Esse não é o caminho da solução. É a maneira de nos atolarmos ainda mais.

Saímos de um processo de reciclagem – ou o atravessamos – praticando a aceitação, a autocompaixão e o cuidado próprio. Essas atitudes e comportamentos podem não acontecer com tanta facilidade quanto a negação, a vergonha e a negligência. Passamos anos praticando essas atitudes negativas. No entanto, podemos aprender alternativas mais saudáveis, mesmo quando isso não parece muito confortável. A seguir, daremos algumas sugestões para fazer isso.

Praticando alternativas mais saudáveis

O primeiro passo para superarmos uma situação de reciclagem é identificar quando estamos nela. Aqui vão alguns sinais:[1]

As emoções se trancam. Podemos ficar anestesiados e começar a reprimir ou a ignorar as emoções. Voltamos a achar que são desnecessárias, impróprias, injustificadas ou insignificantes. Podemos dizer a nós mesmos o mesmo sobre nossos desejos e necessidades.

Os comportamentos compulsivos retornam. Podemos começar a comer, a tomar conta dos outros, a controlar, a trabalhar, a nos manter ocupados, a gastar dinheiro, a ter relações sexuais, ou a fazer qualquer coisa compulsivamente, para evitar sentir.

A autoimagem de vítima retorna. Podemos recomeçar a achar, pensar, falar e nos comportar como vítimas. Podemos começar a nos concentrar nos outros, ou a culpar os outros e nos ver como bode expiatório. Uma boa indicação de que estou "assim" é quando ouço a mim mesma reclamando que alguém está fazendo isso ou aquilo comigo, ou como algo é horrível. Minha voz começa a irritar os meus nervos.

A autoestima cai. Nosso nível de autoestima pode decair. Podemos ficar presos ao ódio próprio ou à vergonha. Podemos nos tornar exageradamente críticos em relação a nós mesmos e aos outros. O perfeccionismo e a sensação de não sermos bons o bastante podem retornar.

A negligência recomeça. Negligenciar os pequenos e os grandes atos de cuidado próprio que fazem parte de nossa rotina de recuperação pode indicar que estamos perto de uma situação de reciclagem. Abandonar nossa rotina diária é outro sinal.

As loucuras retornam. Os antigos problemas podem retornar. Isso inclui ansiedade e medo; sensação de afastamentos das pessoas e do Poder Superior; problemas no sono (demais ou de menos); não parar de pensar; a sensação de estar sendo esmagado pela confusão (ou apenas esmagado); dificuldade de raciocinar claramente; raiva e ressentimentos; sensação de culpa por nos sentirmos assim, por nos sentirmos desesperados, deprimidos, privados, não merecedores e não amados. Podemos ficar nos "demais": cansados demais, trabalhando demais, compromissos demais, tensos demais, sensíveis demais; ou os "mal": mal pagos, mal-apreciados, mal-aproveitados, mal-alimentados e mal-humorados.

Uma condição física contínua pode ser um sinal de que algo está incomodando a mente e as emoções. Podemos começar a nos afastar e a evitar as pessoas. Um retorno ao martírio, ou a "suportar", é outro sinal de aviso. Isso inclui voltar à crença de que não gostamos da vida, ou de que não devemos nos divertir hoje, esta semana ou este mês; de que a vida é para ser "atravessada" e que talvez na próxima semana ou no próximo ano poderemos ser felizes.

Os comportamentos também voltam. Uma vez que estamos em nossa situação de reciclagem, qualquer de nossos comportamentos de confronto pode voltar.

Presos na armadilha! Sentir-nos presos e acreditar que não existem escolhas é uma atitude altamente suspeita.

Isso de novo, não. É possível avançar para a zona de perigo durante a reciclagem. Os sintomas incluem doenças físicas crônicas, dependência química, depressão crônica ou possíveis fantasias sobre suicídio.

Depois que identificarmos o retorno a nossos comportamentos passados, o próximo passo é simples. Dizemos: "Opa! Estou fazendo isso de novo." É o que chamamos *aceitação e honestidade.* É voltar aos conceitos, como impotência e falta de controle, nessa fase. Se estivermos no programa dos Doze Passos, é uma boa hora para trabalhar o Primeiro Passo. Chama-se "deixar-se tratar". Agora, vem a parte potencialmente difícil. Dizemos a nós mesmos: *Tudo bem, fiz isso de novo.* É a chamada "autocompaixão".

Mitos sobre a reciclagem

Acreditar em qualquer um dos seguintes mitos sobre a reciclagem pode tornar a recuperação mais difícil do que é necessário:

- Eu devia estar mais adiantado do que estou.
- Se estivesse me recuperando há mais tempo, não teria mais problemas com isso.
- Se estivesse seguindo um bom programa de recuperação, não estaria fazendo isso.
- Como sou um profissional especializado em recuperação, saúde mental ou no campo geral de assistência social, não deveria ter esse problema.
- Se minha recuperação fosse real, não estaria fazendo isso.
- As pessoas não me respeitariam se soubessem que pensei, senti ou fiz isso.
- Uma vez modificado, o comportamento vai embora para sempre.
- Não poderia de forma alguma estar fazendo isso de novo. É uma vergonha.
- Oh, não, estou de volta ao ponto de partida.

Esses são mitos. Se acreditamos neles, precisamos tentar mudar o que acreditamos. É normal ter problemas e reciclar. As pessoas que seguem bons programas e têm boas recuperações também se reciclam, mesmo os profissionais. É normal fazermos "isso" de novo, mesmo quando sabemos que não devemos. Não voltamos ao ponto de partida. Quem sabe se desta vez conseguiremos aprender?

Se insistirmos em nos culpar ou nos sentir envergonhados, podemos dar a nós mesmos um tempo limitado para fazer isso. De 5 a 15 minutos deve ser o bastante.

Cuidando de nós mesmos

Depois de nos aceitarmos e abraçarmos, fazemos duas perguntas:

- De que preciso para cuidar de mim mesmo?
- O que devo aprender?

Geralmente, os conceitos de cuidado próprio que precisamos praticar são básicos:

- aceitação;
- entrega;
- avaliação realista do que podemos controlar;
- desligamento;
- abandono da condição de vítima;
- lidar com as emoções;
- levar a sério o que desejamos e de que necessitamos;
- estabelecer limites;
- fazer escolhas e assumir a responsabilidade por elas;
- estabelecer objetivos;
- ser honesto;
- deixar acontecer;
- dar a nós mesmos grandes doses de amor e cuidado.

Também é bom nos concentrarmos conscientemente no nosso programa de recuperação, conversarmos com pessoas saudáveis, praticarmos meditação e pensamentos positivos, relaxarmos e fazermos coisas divertidas.

Precisamos recuperar nosso equilíbrio.

Cuidar de nós mesmos no trabalho pode requerer algumas considerações diferentes das que levamos em conta em casa. Certos comportamentos podem ser apropriados em casa, mas poderiam resultar na perda de nosso emprego. Podemos não querer dizer ao chefe que estamos com raiva dele. O cuidado próprio é uma responsabilidade própria.

A codependência é um ciclo contraproducente. Os sentimentos de codependência levam à autonegligência; a autonegligência leva a mais sentimentos e comportamentos de codependência, que levam a mais autonegligência; e continuamos a dar voltas. A recuperação é um ciclo energizante. O cuidado próprio nos faz sentir melhores e mais saudáveis; o que nos leva a cuidar mais de nós, e em volta disso continuamos.

Não sei exatamente o que você precisa fazer para cuidar de si mesmo. Porém, sei que é capaz de descobrir.

Também não sei qual lição você está aprendendo. Tudo o que posso fazer é aprender minha própria lição. Não posso lhe dizer como conferir sentido às experiências particulares de sua vida, mas posso lhe dizer o seguinte: com a ajuda de seu Poder Superior, você pode descobrir isso também.

Não se preocupe. Se não compreender ou não estiver pronto para aprender sua lição hoje, tudo bem. As lições não vão embora. Elas ficam presentes até que as aprendamos. Faremos isso quando estivermos prontos.[2]

Dicas de reciclagem

Embora eu não tenha uma fórmula para o cuidado próprio e para aprender as lições da vida, colecionei algumas dicas que talvez possam ajudar durante a reciclagem:

- Se achar que é loucura, provavelmente é. Em geral, quando entramos num sistema louco, nossa primeira reação ainda é imaginar o que está errado conosco. Podemos confiar em algumas pessoas, mas não em todos. O importante é que podemos confiar em nós mesmos.
- Se estamos protegendo a nós mesmos, algo pode estar nos ameaçando. Talvez algum gatilho esteja nos lembrando do

passado, ou alguma mensagem antiga esteja nos sabotando. Às vezes, alguém em nosso presente está nos ameaçando, e tentamos fingir que não. Se estamos protegendo a nós mesmos, é importante compreender quem ou o que está nos amedrontando e do que estamos nos protegendo.

- Quando um método de resolver o problema falhar, tente outro. Às vezes, ficamos presos. Encontramos um problema, decidimos resolvê-lo de determinada forma e falhamos; depois, repetidamente, às vezes durante anos, tentamos resolver aquele problema da mesma maneira, embora isso não funcione. Pense bem e tente outra coisa.
- A força de vontade não funciona melhor durante a recuperação do que funcionava antes. Relaxar funciona. Às vezes, ao nos reciclarmos, atravessamos um processo de negar um problema que está preso em nossa consciência. Lutamos para evitar ou para superar isso aumentando a nossa autodisciplina. Quando a força de vontade falhar, tente relaxar.
- Sentimentos de culpa, piedade e obrigação estão para o codependente assim como o primeiro drinque está para o alcoólico. Observe o que acontece em seguida.
- Ficarmos tristes ou frustrados porque não podemos controlar algo ou alguém não é o mesmo que controlar.[3]
- Tentar recuperar as perdas geralmente não funciona. "Se olho para trás e observo minhas perdas por muito tempo, elas tomam conta de mim", disse um homem. "Aprendi a localizá-las e cair fora."
- Não podemos simultaneamente estabelecer um limite e tomar conta dos sentimentos da outra pessoa.[4]
- Hoje não é ontem. As situações mudam.
- Não temos que fazer hoje mais do que podemos fazer razoavelmente. Se estamos cansados, devemos descansar. Se precisamos nos divertir, devemos nos divertir. O trabalho será feito.

- Quando estiver deprimido, procure ver se a raiva, a vergonha ou a culpa estão presentes.[5]
- Se não temos certeza, podemos esperar.
- É difícil sentir compaixão por alguém enquanto essa pessoa estiver usando e abusando de nós. Provavelmente, o que sentimos é raiva. Primeiro, paramos de permitir que nos usem. Depois, buscamos a compaixão. A raiva pode nos motivar a estabelecer limites, mas não precisamos ficar ressentidos para continuar a cuidar de nós.
- Se escutarmos a nós mesmos, provavelmente nos ouviremos dizer qual é o problema. O próximo passo é a aceitação.
- Nunca se esqueça de nossa necessidade de carinho e cuidado próprio.
- Se tudo lhe parecer escuro, você provavelmente está com os olhos fechados.

Quando tudo mais falhar, tente a gratidão. Certas vezes, é isso que devemos aprender. Se não conseguir pensar em nada para ser grato, sinta-se assim de qualquer modo. Deseje a gratidão. Falsifique-a, se necessário. Às vezes, na reciclagem, precisamos mudar algo que estamos fazendo. Por vezes, a mudança está sendo trabalhada em nós, atitudes importantes e intangíveis que podem não ficar claras por meses ou anos, como paciência, fé e autoestima.

– Já tive muitos altos e baixos, um bocado de dor e de perda – disse uma mulher. – Ainda não estou certa do que tudo isso representa, mas aprendi algumas coisas. Aprendi que onde moro, o que visto e onde trabalho não são eu. Eu sou eu. Não importa o que aconteça, posso permanecer de pé.

Pensando bem, talvez não devamos chamar a recaída de "reciclagem". Talvez devamos chamá-la de "ciclos de crescimento". Ou apenas de "crescimento".

Reciclar, ficar preso, maus dias, seja como chamemos isso, pode ser difícil, sobretudo se tivemos um gostinho de dias melhores. Podemos nos assustar, imaginando que todos os velhos hábitos estão de volta, talvez para ficar. Não precisamos nos preocupar. Não temos que voltar para o começo. Os comportamentos antigos não estão aqui para ficar. São parte do processo e, durante esse processo, alguns dias serão melhores do que outros. Podemos considerar todos eles positivos.

Lonny Owen[6] e eu conduzimos um grupo de trabalho e de apoio de dez semanas para "codependentes adiantados" (aqueles de nós que sabem o que fazer muito bem, mas não o fazem de qualquer maneira). Todos os participantes haviam se identificado previamente como codependentes; todos estavam envolvidos ativamente na recuperação há pelo menos um ano. A maioria estava trabalhando na recuperação havia muito mais tempo. Já havíamos passado por aquela fase de: "Sou um codependente? Talvez não seja. Afinal, o que é codependência?" Fomos direto ao centro da questão: "Onde estou preso em minha recuperação? Em que estou preso? O que preciso fazer para melhorar minha vida e meus relacionamentos?"

O grupo de trabalho requeria muita abertura dos participantes. Pedimos que se expusessem, que fossem honestos sobre quem eles eram depois de tanto tempo de recuperação. O grupo também exigiu alguma abertura de Lonny e de mim. Dessa vez não estávamos trabalhando com codependentes "iniciantes". Trabalhávamos com pessoas que tinham muita informação sobre o assunto que estávamos ensinando. Em outras palavras, Lonny e eu também estávamos com medo.

Foi o grupo mais desafiador que já enfrentei nos meus trinta e tantos anos dentro e em volta do campo da recuperação. Foi também o mais excitante. Vi um crescimento maior em dez semanas do que vira em qualquer outro grupo similar.

Quer saber como fizemos isso? Primeiro, deixe-me dizer o que não fizemos. Não criticamos, julgamos, condenamos, confrontamos, culpamos ou envergonhamos. Claro que o comprometimento e a coragem dos participantes em crescer tornaram o desenvolvimento possível. Entretanto, o crescimento naquele grupo aconteceu porque nos fixamos em conceitos como: honestidade, aceitação, cuidado, afirmação, aprovação, fortalecimento e amor.

Foi assim que fizemos nosso trabalho. Você também pode fazer.

Exercícios

1. Quais são seus sintomas de autonegligência quando você entra numa situação de reciclagem? Por exemplo, alguns dos meus incluem: eliminar a diversão, não me alimentar apropriadamente e me esforçar mais, quando a verdade é que já me esforcei demais.
2. Quais são alguns de seus atos favoritos para se cuidar, algumas atividades que o ajudam a se sentir bem consigo mesmo? O que gostava de fazer quando começou a recuperação da codependência e o que deixou de fazer? Por que decidiu não fazer mais essas coisas?[7]
3. Analise a lista de recuperação abaixo. Ela pode ajudar você a determinar seus pontos fortes e fracos na recuperação. Pode também ajudá-lo a estabelecer seus objetivos de recuperação.

Lista de recuperação[8]

- Manter uma rotina diária apropriada.
- Estabelecer e alcançar objetivos diários e a longo prazo.
- Cuidado pessoal.
- Estabelecer e obedecer limites com crianças e com os outros.
- Planejar construtivamente.
- Esforçar-se apropriadamente para tomar decisões e solucionar problemas.
- Escolher comportamentos.

- Descansar direito.
- Livrar-se de ressentimentos.
- Aceitar (em vez de negar).
- Não controlar os outros nem se sentir controlado.
- Estar aberto a críticas e a reconsiderações apropriadas.
- Livrar-se das críticas excessivas de si mesmo e dos outros.
- Gratidão em vez de autopiedade e privação.
- Decisões financeiras responsáveis (não gastar demais nem de menos).
- Alimentar-se bem (não comer demais nem de menos).
- Evitar fuga ou distanciamento por meio do trabalho ou do sexo.
- Responsabilidade por seus atos (em vez de culpa e sentimento de bode expiatório).
- Valorizar desejos e necessidades.
- Abandonar a imagem de vítima.
- Livrar-se do medo e da ansiedade.
- Afastar-se da culpa e da vergonha.
- Livrar-se da preocupação e da obsessão.
- Não se sentir excessivamente responsável pelos outros.
- Ter fé no Poder Superior.
- Confiar em si mesmo e valorizar-se.
- Tomar decisões apropriadas sobre confiar nos outros.
- Manter a rotina de recuperação (frequentar grupos de apoio, etc.).
- Mente clara e em paz; pensamento lógico, livre de confusão.
- Sentir e lidar adequadamente com sentimentos, incluindo a raiva.
- Abrir-se apropriadamente.
- Ter expectativas razoáveis sobre si mesmo e os outros.
- Sentir-se seguro de si mesmo; autoafirmar-se.
- Comunicar-se clara, direta e honestamente.
- Humor equilibrado.
- Manter contato com os amigos.

- Sentir-se próximo às pessoas, em vez de ficar sozinho e isolado.
- Perspectivas saudáveis; a vida merece ser vivida.
- Não usar álcool ou drogas para enfrentar os problemas.
- Divertir-se, relaxar durante as atividades de lazer, desfrutar a rotina diária.
- Conceder a si mesmo e a outros avaliações positivas apropriadas.
- Conseguir – e se permitir acreditar em – reavaliações positivas.

Parte III

A história e os acontecimentos presentes

Nós voltamos... voltamos... e voltamos... até
descobrir a criança exuberante, despreocupada,
adorável e carinhosa que havia, e ainda há, em nós.
Quando a encontramos, nós a amamos,
cuidamos dela e nunca, nunca
mais a deixamos partir.

8
Entendendo-se com a família de origem

> "Alguém deseja mais alguma coisa do grupo?", perguntou o terapeuta. "Sim", respondeu uma mulher. "Será que vocês todos poderiam vir comigo a uma reunião de família, para que eu não perca a cabeça?"

Durante anos, pensei em trabalhar com famílias de origem. Durante anos, não fiz isso. A ideia me trazia várias imagens à mente. Visualizava um paciente deitado em um divã, relembrando infinitamente sua infância. Visualizei livros de milhares de páginas sobre genealogia.

Tentei fazer a versão da Análise Transacional: desenhe três círculos para cada membro da família. Coloque os círculos um em cima do outro (como um boneco de neve), depois desenhe setas indo do círculo de uma pessoa ao de outra. Ao longo das setas, escreva as mensagens psicológicas recebidas daquele círculo. Para encontrar essas mensagens, responda a um questionário. "Mamãe sempre... (preencha o espaço em branco). Papai geralmente... (preencha o espaço em branco). A frente da minha camiseta diz... A parte de trás da minha camiseta diz..."

Bem, mamãe sempre fazia coisas diferentes. Papai também. Como eu estava sempre preocupada em não escrever a resposta errada, costumava não preencher nada. Só fui ter uma camiseta com algo escrito nela aos 33 anos, quando comprei uma de segunda mão. Na frente dizia: "St. Cloud State University", e nas costas não havia nada, exceto um pequeno buraco.

Com o devido respeito a Sigmund Freud, às árvores de família e à Análise Transacional, eu considerava o trabalho de família de origem caro, chato e complicado. O passado terminou e está acabado, pensava. Esqueçamos dele. Além disso, como poderia estar me afetando agora? No entanto, mudei de ideia. Minha pergunta passou a ser: Como pode não estar me afetando agora?

Durante muitos anos, os terapeutas compreenderam o valor do trabalho histórico e sua profunda influência nos acontecimentos presentes. As brasas latentes de ontem – as emoções não resolvidas e as mensagens não analisadas – criam as chamas de hoje. Ou as apagamos ou nos queimaremos nelas. Não enxergaremos hoje o que negamos do passado. Teremos muitas oportunidades para negá-lo, porque continuaremos a recriá-lo. Os problemas não resolvidos podem estar enterrados, mas continuam vivos e respirando e podem deter o controle de nossa vida.

Nos últimos anos, o trabalho de família de origem tem sido reconhecido como uma parte significante da recuperação da codependência e da síndrome de adulto-criança. Por meio do trabalho histórico é que podemos deixar de ser afetados por outras pessoas e seus problemas.

Além disso, surgiram vários métodos para realizar o trabalho histórico.

"Superando problemas não resolvidos"

Bedford Combs, presidente e fundador da Associação para Filhos de Alcoólicos da Carolina do Sul, usa um processo experimental em seu workshop "Moving Through Unfinished Business: The Recovery Journey from Co-dependency" [Superando problemas não resolvidos: a jornada de recuperação da codependência].

Com sua voz suave, Combs nos incentiva a relaxar. Então, ele coloca a música "The Rose", de Amanda McBloom, para tocar no gravador.

Quando todos estão relaxados, Combs começa a falar sobre famílias. Sobre sistemas de libertação do controle, quando períodos de controle se equilibram com movimentos para se libertar. Fala também sobre outras famílias, nas quais períodos de cuidado próprio e carinho se equilibram com criatividade e experimentação.

Em seguida, Combs faz um desenho no quadro-negro representando o nosso centro de memória. Talvez tenhamos tido um pai ou mãe alcoólico, diz ele. Para sobrevivermos, tivemos que tomar conta dele ou dela, assim como de outras pessoas em nossa família. Não podíamos ser crianças e isso doía. Em vez de sentirmos essa dor, nós a reprimimos. Talvez alguém tenha abusado de nós, e tenhamos reprimido essa dor. Talvez tenhamos ficado com tanta raiva de nossos pais que achamos que os odiávamos. Por nos sentirmos culpados por pensar assim, reprimimos essa culpa.

Combs fala sobre sentimentos esmagadores, aqueles que magoam demais para que sejam sentidos. Fala sobre os diferentes comportamentos de reação que utilizamos para estancar a dor. Diz que foi bom que tivéssemos agido daquela maneira; proteger a nós mesmos nos ajudou a sobreviver. Porém, diz também que aqueles sentimentos reprimidos e os comportamentos de reação podem estar agora nos afastando de nós mesmos e dos outros. Ele fala sobre as pessoas que têm coragem de enfrentar esses sentimentos. A recompensa é grande, diz ele, porque as cicatrizes da dor se transformam na capacidade de amar e de sermos amados.

Ele fala sobre o trabalho de família de origem – estilo experimental.

Outros métodos de lidar com o passado

Earnie Larsen, especialista em recuperação, desenvolveu outro método para o trabalho de família de origem. Que consequências indesejáveis estamos experimentando hoje em dia? Como nosso comportamento está causando essa consequência? Que regra ou mensagem do passado gera esse comportamento?[1]

Algumas pessoas utilizam a árvore genealógica como ferramenta de trabalho.[2] Trata-se de uma representação gráfica das conexões familiares. A primeira linha representa os seus avós, a debaixo representa os seus pais, e abaixo desta você e seus irmãos. Podemos incluir também outras pessoas que consideramos importantes, como uma tia-avó, por exemplo.

Depois de montarmos a árvore com os nomes, adicionamos descrições a respeito de cada uma delas. Podem ser características da pessoa, o que achamos dela ou de quando estamos com ela, ou o que os outros dizem sobre ela. Escrevemos o que nos vem à mente. Se lembrarmos que vovô era bravo, ou sério, ou ria bastante ou nunca nos notou, escrevemos isso. Se nos lembramos de mensagens duplas – vovô dizia que ficava contente em nos ver, mas nos ignorava durante toda a visita –, escrevemos ambas as coisas. Mencionamos vícios e outros problemas. Por exemplo: podemos escrever que papai bebia muito, trabalhava o tempo todo, não conseguia se manter em um emprego, nunca utilizou todo o seu potencial, jogava compulsivamente, era gordo demais ou tinha casos amorosos.

Escrevemos o "ruim" e o "bom". Mencionamos os papéis da família. As descrições dos papéis mostram como as pessoas conseguiam atenção. Por exemplo: a irmã recebia atenção por tomar conta das pessoas; ou por ser antipática; ou por ser inteligente, graciosa ou engraçada. Ou ninguém notava a irmã. Ninguém lhe dava atenção.

Talvez um desses relacionamentos tenha sido caracterizado pela negligência enquanto esperávamos ser notados. Talvez alguém tenha tentado nos controlar, e nós nos rebelamos. Talvez tenhamos feito o possível para conseguir a aprovação de alguém sem nunca ter tido sucesso. Talvez tivéssemos que desempenhar um papel impróprio com um parente.

– Minha mãe nunca teve um relacionamento significativo com meu pai ou com ninguém – relembra um filho de alcoólico em recuperação. – Ela me procurava para satisfazer suas necessidades: de intimidade, de compartilhar emoções, de ir a lugares com ela. Nunca me tocou sexualmente, nem mesmo uma vez, mas era um relacionamento incestuoso. Eu não era seu filho, era seu marido.

Representamos a nossa família usando palavras. Escrevemos o que lembramos. Fazemos isso sem culpa, porque agora podemos falar sobre esse assunto. Escrever é importante; ganhamos introspecção por meio da escrita, o que não conseguimos pela meditação.

Essas são apenas três das muitas formas possíveis de trabalhar com a família de origem. Alguns terapeutas se especializam nesse tipo de trabalho. Podemos usar a versão da Análise Transacional. Ou podemos usar o Quarto e o Quinto Passos dos programas dos Doze Passos.

Alguns de nós realizamos trabalhos históricos* quando começamos a nos recuperar. Outros precisam de mais tempo. Outros ainda atacam o problema de um só golpe; há os que fazem isso natural e gradualmente, à medida que surgem os problemas e as descobertas.

Seja qual for a maneira que iremos lidar com isso, não devemos fazê-lo culpando e desrespeitando nossa família.

---

*Refere-se à reconstrução das lembranças e dos fatos do passado. (*N. do E.*)

Tampouco temos o propósito de permanecer entrincheirados na sujeira do passado. O objetivo é esquecer o passado – depois de nos *relembrarmos* do que aconteceu. O objetivo é nos livrarmos de sua influência destrutiva ou contraproducente.

Nas páginas seguintes, discutiremos os elementos que podem ajudar a nos libertar do passado. Isso inclui:

- sentimentos;
- mensagens;
- padrões;
- pessoas.

Sentimentos

Uma parte do trabalho histórico é sentir e libertar sentimentos reprimidos e negados. Sou uma pessoa controladora. Passei muitos anos tentando forçar os outros a serem quem não eram e a fazerem o que não queriam fazer. Também tentei controlar meus sentimentos, empurrando-os para longe. Uma das maneiras como fiz isso foi tornar os sentimentos adormecidos e congelados. No meu congelador de sentimentos, tenho uma prateleira repleta da infância: como não lidei com os sentimentos de então, eles não foram embora. Ficaram armazenados. Alguns são grandes; outros, pequenos. Alguns estão armazenados há tanto tempo que foram queimados pelo frio. Estão armazenados nos tecidos do meu corpo, em mensagens e em comportamentos.

Relembrar os acontecimentos é uma forma de expor tais sentimentos. Recordamos um acontecimento, depois chegamos a uma conclusão emocional. Qual foi a emoção que tivemos durante ou depois daquele acontecimento? Nós a sentimos ou a reprimimos? Como nos sentimos em relação a uma experiência – ou melhor, *o que não sentimos mas precisá-*

vamos sentir – é tão importante quanto o que aconteceu. Agora estamos a salvo. Podemos nos permitir sentir o medo, a vergonha, a raiva, a dor e a solidão que negamos porque não nos sentíamos seguros o bastante para senti-los então. Podemos até brincar com as fantasias, voltar ao passado e fingir que temos melhores formas de nos proteger; que temos 2 metros de altura; que temos um escudo e uma espada; que temos seja lá o que precisávamos ter para proteger a nós mesmos. Depois, voltamos à realidade. Sabemos que agora estamos crescidos e podemos tomar conta de nós mesmos.[3]

Esse trabalho não pode ser feito descuidadamente. Muitos de nós têm grandes feridas escondidas. Se as abrirmos, precisamos saber que estamos fazendo isso com alguém que pode nos ajudar a fechá-las apropriadamente. Uma boa regra é: se não pode fechá-las, não as abra. Algumas pessoas têm um bloqueio total em relação ao passado. A negação é um instrumento necessário de segurança.[4] Nós a usamos para nos proteger. Se esse instrumento protetor for retirado de nós, precisaremos de outra proteção.

Não ter nenhuma lembrança de certos períodos de nossa vida pode ser uma chave para o trabalho histórico. Assim como falar ou pensar repetidamente sobre determinados acontecimentos passados pode indicar problemas não resolvidos. Resolvê-los ajudará a dissolvê-los. Os problemas não resolvidos continuam por toda parte, em nós e em nossa vida. Seremos atraídos, compelidos ao que não está resolvido em nós. Reviver e libertar esses sentimentos completa a transição.

– Esses sentimentos podem ser esmagadores e amedrontadores – diz o terapeuta Scott Egleston, que trabalha com adolescentes. – Alguns jovens do meu programa dizem que têm medo de desaparecer se sentirem toda aquela dor de novo.

A criança dentro de nós pode ter o mesmo medo. Não se preocupe. Não desapareceremos. Uma vez que sentirmos e libertarmos essas emoções, reapareceremos.

Mensagens

Outro objetivo importante do trabalho de família de origem é decodificar e transformar as mensagens derrotistas que assimilamos quando crianças. A mensagem é o significado que atribuímos ao que aconteceu. É nossa referência – nosso caderno de notas para os acontecimentos da vida.[5] Nossas mensagens podem estar relacionadas às regras da codependência:

- Não devo sentir.
- Não devo ter problemas.
- Não devo me divertir.
- Não mereço amor.
- Não sou bom o bastante.
- Se as pessoas se sentirem mal ou agirem como loucas, a culpa é minha.

– Quando somos jovens, não temos como referência a experiência que os adultos têm para dar sentido às coisas – diz Egleston. – Quando alguém, sobretudo alguém que amamos, se comporta de maneira imprópria ou nos ameaça muito, não relacionamos esse comportamento com o vício ou com o problema da pessoa. Não compreendemos que o problema é *dela*. Nossa única referência é: "O problema deve ser meu. Deve haver algo errado comigo."

Cada um de nós tem seu próprio conjunto de mensagens especiais para nossas circunstâncias e para nós. Uma pessoa pode interpretar uma mensagem de forma completamente diferente de outra, com base no mesmo fato.[6]

As mensagens controlam ou geram nossos comportamentos. Algumas delas são boas e nos permitem fazer certas coisas sem pensar muito nelas: "Seja um bom estudante", "Pague suas contas em dia", "Não entre no carro de estranhos". Outras podem ser neutras: "Vá para o quarto se quiser chorar." Pode ser interessante decodificá-las, mas não temos necessidade de nos preocupar demais com elas. São as mensagens destrutivas, como "é errado ser quem sou" ou "ninguém gosta de mim", que queremos modificar. Essas geram comportamentos derrotistas.

Uma maneira de compreender nossas mensagens é usar a técnica de Earnie Larsen:

- Qual é a consequência indesejável hoje em dia?
- Qual é o comportamento que está causando essa consequência?
- Qual é a regra (mensagem do passado) que gera esse comportamento?

– Uma das consequências foi que eu nunca tinha dinheiro suficiente, não importava o quanto ganhasse – disse um homem. – Então, usei a fórmula de Larsen. Meu comportamento era o de gastar o dinheiro no instante em que o recebia. A minha crença ou mensagem é que eu não era financeiramente responsável, não sabia o valor do dinheiro e não merecia tê-lo.

Outra maneira de desvendarmos nossas mensagens é começarmos a ouvir a nós mesmos. Se ouvirmos com atenção, com vontade de compreender, ouviremos a mensagem. Ela está bem ali, sob o comportamento.

Uma vez que decodificamos nossas mensagens, criamos outras mais construtivas. Dá muito trabalho, mas as recompensas são grandes.

Padrões

Outro objetivo do trabalho histórico é compreender e mudar os padrões derrotistas, incluindo nossos padrões de intimidade ou de evitar intimidade. O que continua a acontecer repetidamente? O que as pessoas continuam a fazer comigo uma vez depois da outra? Por que preciso que isso aconteça?

Como e por que atraio isso? Como fazer as características dos relacionamentos presentes se conectarem com meus relacionamentos passados?

– Eu tinha continuamente relacionamentos com homens que diziam que me amavam, mas não conseguiam demonstrar aquele amor ou estar perto de mim porque eram viciados – diz uma mulher. – Minha ideia de intimidade era a de esperar infinitamente algo que não iria acontecer. Então descobri que tinha, e ainda tenho, esse mesmo comportamento com meu irmão e meu pai.

Diz outra mulher:

– Os homens da minha família eram viciados em sexo. Passei toda a minha infância amedrontada e insegura na presença deles, imaginando o que havia de errado comigo por me sentir assim. Depois, continuei adotando o mesmo padrão em minha vida adulta.

Conta uma terceira mulher:

– Quando criança, estava cercada de pessoas muito negativas e controladoras. Adivinhe que tipo de pessoa me atraía quando cresci? O mesmo.

Alguns de nós podem ter mais de um padrão.

– Descobri que alterno os padrões. Em um relacionamento utilizo meu padrão com meu pai; no seguinte, meu padrão com minha mãe – explica uma quarta mulher.

Examinamos também nossos papéis. Como obtivemos atenção quando crianças? Como fazemos isso hoje em dia?

Os sentimentos, as mensagens, os padrões e os papéis são conectados e interligados, como uma tapeçaria.

Os parentes

Uma parte importante do trabalho de família de origem é resolver nossos relacionamentos com as pessoas da família. Isso significa reconhecer e libertar qualquer sentimento intenso sobre seus membros, para que estejamos livres para amar e crescer. Isso pode significar percorrer uma gama de emoções, passando por negação, ódio, raiva, decepção, frustração, rejeição, desilusão, desejo, ressentimento e desespero, até chegar à aceitação, ao perdão e ao amor. Muitos adultos-crianças desejariam que as circunstâncias e as pessoas tivessem sido, ou sejam, diferentes. Porém, não o foram e não o são. Embora nossos sentimentos em relação aos membros da família e à nossa infância sejam válidos, eles podem bloquear nosso crescimento se não os resolvermos.

Nós temos nossos problemas de família de origem, e os outros membros da família também têm os seus. Nossos pais geralmente têm problemas de família de origem mais graves do que os nossos. Ao nos recuperarmos, aprendemos a aceitar o lado escuro de nós mesmos. No trabalho de família de origem, aprendemos também a aceitar o lado escuro de nossos pais.[7]

– Esquecemos que nossos pais são pessoas... antes e depois de se tornarem pais – diz Egleston.

Em *Você pode curar sua vida* – um dos melhores livros que já li sobre o amor-próprio – Louise Hay sugere uma poderosa visualização para ajudar a ter compaixão e a perdoar nossos pais:

> Comece visualizando-se como uma criança de 5 ou 6 anos. [...] Agora deixe essa criança ficar bem pequenina, até que caiba em seu coração. Coloque-a lá, de modo que, sempre que olhar para baixo, você veja esse rostinho olhando para você e lhe dando muito amor.
>
> Agora, visualize sua mãe como uma garotinha de 4 ou 5 anos, assustada, procurando amor e não sabendo onde encontrá-lo. Estenda os braços, segure essa menininha e deixe-a saber o quanto você a ama. [...] Quando ela sossegar e começar a se sentir segura, deixe-a ficar ainda menor, de um tamanho que caiba em seu coração. Coloque-a ali, junto com sua própria criança.

> Agora, imagine seu pai como um menininho de 3 ou 4 anos, assustado, chorando e procurando amor. [...] Deixe-o ficar bem pequenino, até caber em seu coração. Coloque-o lá, para que as três crianças possam dar amor umas às outras e você possa amar todas elas.[8]

Além de lidar com nossos sentimentos sobre os membros da família, aprendemos a nos relacionar com eles, quando possível. Algumas pessoas têm facilidade para lidar com a família. Outros têm dificuldade. Para outros ainda é uma luta terrível. Para aqueles que estão nas duas últimas categorias, a solução é praticar o cuidado próprio e os princípios básicos de recuperação que puderem, um dia de cada vez. Não podemos modificar os outros, mas podemos modificar a nós mesmos. Não temos que assumir pessoalmente o comportamento dos outros. Se eles não nos dão amor ou aprovação, isso não é culpa nossa. Talvez não tenham nada para dar a quem quer que seja, incluindo a si mesmos.[9] Alguns dizem que o trabalho de família de origem inclui aceitar que um ou ambos os pais não nos amavam. Outros – e eu concordo – dizem que significa aceitar que nossos pais não conseguiam demonstrar amor por nós da maneira que desejávamos, mas nos amavam da melhor maneira que podiam, e talvez mais do que julgávamos.

Algumas pessoas precisam ficar longe de certos membros da família até que elas (as pessoas em recuperação) se sintam mais preparadas para lidar com esses relacionamentos.

– Esforcei-me realmente com os relacionamentos de família – disse uma mulher. – Meu pai me molestou durante anos. E minha mãe sabia disso. Já tentei voltar para casa e fingir que nada aconteceu. Tentei fazer com que lidassem com esse abuso. Mas eles não estavam prontos. Às vezes, eu precisava ficar longe deles. Algumas pessoas recomendaram que eu ficasse longe para sempre, mas não quero. Eles são os únicos pai e mãe que terei. Minha família é importante para mim. Durante anos, usei a maneira como me trataram para justificar puni-los emocionalmente e chantageá-los financeiramente. Agora, estou tentando perdoá-los e ainda cuidar de mim mesma. Estou me dedicando a modificar meu comportamento com eles. Eu os visito quando me sinto bem, quando tenho vontade e quando posso enfrentar isso. Estou praticando assumir a responsabilidade por mim mesma.

– Meu pai ainda bebe, e minha mãe ainda é mártir – explica um homem em recuperação de codependência. – Durante muitos anos, precisei me afastar deles. Agora, posso visitá-los. Posso fazer programas com meus pais. Posso deixar que sejam quem são, desfrutar o que eles têm de bom e ignorar o restante, e cuidar de mim mesmo quando precisar.

Voltamos a nossas famílias quando estamos prontos. Quando voltamos, voltamos diferentes. Já não fazemos parte do sistema. Temos uma nova atitude de cuidado próprio, de amor-próprio e de responsabilidade própria.

Por outro lado, o fato de termos nossa própria percepção não significa que os outros membros da família estejam prontos para ouvi-la ou apreciá-la. Na verdade, discutir nossos problemas com eles pode colocá-los em posição defensiva. Cada um de nós lida com seus segredos e problemas quando está pronto para isso. O propósito do trabalho de família de origem é beneficiar a nós mesmos, e não modificar outros membros da família. A melhor maneira de ajudar as pessoas, incluindo os nossos parentes, é continuar desenvolvendo o nosso próprio trabalho.[10]

A força e as demandas de uma família problemática são muito fortes. Você pode perceber a manifestação sutil da doença?[11] Consegue entender que doenças como o vício das drogas ou o abuso infantil transformam todos em vítimas? Sabia que a culpa não é sua? Provavelmente tampouco é de seus pais. Sabia que tem o direito de se tornar tão saudável quanto quiser, não importa o que sua família faça ou deixe de fazer? Sabia que pode amar as pessoas de qualquer forma? Sabia que é uma pessoa adorável?

Assim como a recuperação, o trabalho de família de origem é um processo. É um processo de cura, de conscientização, de perdão e de modificar e continuar modificado. É um processo de tristeza, no qual lamentamos o que perdemos ou nunca tivemos. Negamos, ficamos com raiva, barganhamos, sentimos dor, então finalmente aceitamos o que era e é. Depois de aceitar, perdoamos e assumimos a responsabilidade *por nós mesmos*. Faremos isso quando estivermos prontos, quando chegar a hora e tivermos trabalhado as outras emoções. Quando fizermos isso, o bem começará a brilhar, se permitirmos e procurarmos por ele. O processo começa com a nossa disposição.

Regressamos à casa em que crescemos. Entramos novamente em cada quarto, acendemos as luzes e olhamos em volta. Expomos os segredos, os problemas, os vícios, as mensagens, os padrões e os sentimentos. Examinamos os acontecimentos e as pessoas. Examinamos os papéis e os comportamentos de sobrevivência. Enxergamos aquilo que estamos negando hoje por termos negado ontem. Observamos que necessidades não foram satisfeitas ontem, e como podemos estar ainda reagindo a essa privação. Então, depois de encararmos nossa infância e sentirmos o que precisamos sentir, libertamos nossos sentimentos. Deixamos que ela se vá, para que possamos apreciar o que foi e é bom. Faremos isso corajosamente, sem medo e com compaixão – pelos outros e por nós mesmos – quando estivermos prontos para fazer isso.

Voltamos o máximo que pudermos para ver o que aconteceu e como isso está nos afetando hoje. Visitamos o passado por tempo suficiente para sentirmos e sermos curados. Voltamos ao dia de hoje sabendo que estamos livres para fazer nossas escolhas. Declaramos guerra às antigas mensagens, mas fazemos as pazes com as pessoas, porque merecemos ser livres.

Nós voltamos... voltamos... e voltamos... pelas camadas do medo, da vergonha, da raiva, da dor e das fórmulas negativas, até descobrir a criança exuberante, despreocupada, deliciosa e adorável que havia, e ainda há, em nós.

Uma vez que a encontrarmos, a amaremos e cuidaremos dela; e nunca, nunca mais a deixaremos ir.

Exercícios

1. Quais são alguns acontecimentos significativos de seu passado sobre os quais você se vê repetidamente pensando ou falando? Já lidou com seus sentimentos sobre esses eventos?
2. Como um bom começo para realizar o trabalho de família de origem, você pode criar o seu geneagrama de família, segundo a técnica descrita neste capítulo. Com o auxílio de um amigo ou de um grupo, desenhe sua família, usando quadrinhos e palavras.
3. Que mensagens você desvendou? O que tem feito para modificá-las?
4. Quando estiver pronto, escreva uma carta aos membros da família, dizendo a eles tudo que você aprecia e acha bom neles. Você não precisa enviá-la, mas poderá, se quiser.

9
Libertando-se

"Como alguém se transforma em borboleta?",
perguntou ela, pensativa.
"Você deve desejar tanto voar que se dispõe
até a deixar de ser lagarta."

– Trina Paulus
Hope for the Flowers

"Eureca! As regras são reais! São entidades vivas!"

Essa luz se acendeu em minha mente numa noite escura, quando estava deitada na cama, confusa com algo inexplicável que durava meses. Estava me recuperando da codependência havia vários anos. Tinha ouvido e ensinado as regras da codependência.[1] Porém, naquele momento, finalmente, dei às regras o respeito que mereciam.

As regras se posicionam em nosso centro de controle. Elas inundam e tomam conta de tudo. Dirigem os nossos comportamentos e, às vezes, até a nossa vida. Uma vez instaladas, nos programam para fazermos coisas que nos levam a nos sentir deprimidos, presos e codependentes.

Foi isso que me aconteceu. As regras haviam voltado e eu não notara. Na verdade, convivera com elas por tanto tempo que pareciam confortáveis. Contudo, me sentia enlouquecida porque estava fazendo o que elas mandavam:

- Não sinta nada nem discuta seus sentimentos.
- Não pense, não analise a situação nem tome decisões – você provavelmente não sabe o que deseja ou o que é melhor para você.
- Não identifique, mencione ou resolva problemas – não devemos tê-los.
- Seja bom, certo, perfeito e forte.
- Não seja quem é, porque isso não é bom o bastante.
- Não seja egoísta, não se coloque em primeiro lugar, não diga o que deseja e de que necessita, não diga "não", não estabeleça limites ou cuide de si mesmo – sempre tome conta dos outros e nunca fira os sentimentos deles ou os faça ficar com raiva.
- Não se divirta, não seja alegre nem desfrute a vida – isso custa dinheiro, faz barulho e não é necessário.
- Não confie em si mesmo, em seu Poder Superior, na vida ou em certas pessoas – em vez disso, tenha fé em pessoas não confiáveis; depois, mostre-se surpreso quando o decepcionarem.
- Não seja aberto, honesto ou direto – solte piadinhas, manipule, faça com que os outros peçam por você, que adivinhem o que deseja e de que necessita, e espere que façam o mesmo com você.
- Não seja íntimo das pessoas – isso não é seguro.
- Não perturbe o sistema, crescendo ou se transformando.[2]

As pessoas não fazem essas regras. São vícios, segredos e outros sistemas loucos que as criam para proteger os vícios e os segredos e manter os sistemas loucos funcionando. Entretanto, as pessoas obedecem a essas regras. Sem pensar, as passam de geração a geração. As regras são os guardiões e os protetores do sistema – o sistema louco.

Muitos de nós aprendemos essas regras e vivemos sob elas. Especialistas como o professor Robert Subby dizem que acima de tudo, até de viver com um alcoólico, essas regras são a corda que nos mantém amarrados na armadilha da codependência.[3] Segui-las nos mantém presos na codependência; quebrá-las é a chave para a recuperação.

Quando você era criança, o que acontecia quando estava triste, com raiva ou assustado? O que acontecia quando contava a alguém o que estava sentindo? Você era criticado, ignorado, diziam-lhe: "Cale-se" ou "Não devemos sentir isso"? Como seus parentes lidavam com as emoções? Permitiam que você tomasse decisões? O que os outros diziam sobre suas escolhas? O que acontecia quando você apontava um problema? Diziam que você poderia resolver seus próprios problemas? As coisas eram explicadas de maneira a fazer sentido? A negação era um modo de vida? Permitia-se conflito para resolver algo?

Você sabia que podia ser você mesmo, e que era bom o bastante? Alguém lhe ensinou a cuidar de si? Você se divertia? As pessoas de sua família desfrutavam a vida? Você foi encorajado a confiar em si mesmo, em Deus e na vida?

As pessoas de sua família conversavam aberta, honesta e diretamente? Ou o clima era tenso enquanto as pessoas sorriam e diziam: "está tudo bem"? Você aprendeu a se aproximar das pessoas? O que aconteceu quando tentou crescer, mudar ou sair do sistema? Alguém em sua família reagiu, reclamou, criou uma crise ou problema ou fez tanta confusão que você desistiu? O que acontece agora em sua família?

Todas essas regras, ou algumas, ou variações delas podem estar ainda em operação. Podemos ter mais regras além dessas. Depois de ouvir o escritor Bedford Combs falar sobre famílias "bonitas" – famílias que parecem normais mas se sentem loucas porque os sentimentos e os problemas não são permitidos –, acrescentei outra possível regra: Sempre *pareça* estar bem, não importa como se sinta ou o que tenha que fazer.

Podemos ter sido ensinados direta ou indiretamente a seguir tais regras. Métodos poderosos como a vergonha, expressões de reprovação ou modelos de comportamento podem tê-las gerado. Uma vez que aprendemos as regras, elas passam a nos governar, silenciosa mas firmemente. Começamos a sentir algo. A "não sinta" regra é acionada. Automaticamente, reprimimos o sentimento. Quando decidimos fazer algo especial para nós mesmos, essa ideia ou atitude liga a norma "não seja egoísta".

Pensar ou ter um comportamento que viola as regras pode colocá-las em ação. Porém, ficarmos ao lado de uma pessoa ou sistema que segue a regra também pode ativá-las. Uma vez que as regras se transformam em nossas mensagens, elas operam inesperadamente. Elas nos mantêm "na linha", deflagrando consequências negativas de culpa, vergonha e medo se as quebrarmos sem nos darmos conscientemente permissão para fazer isso.

– Um velho amigo, um alcoólico em recuperação, me ligou para pedir dinheiro emprestado – recorda Sandy, que está se recuperando da codependência. – Não gostei muito, mas, quando pensei em dizer não, me senti culpada e envergonhada. Como podia ser tão egoísta? Emprestei-lhe o dinheiro, e duas semanas depois soube que ele estava bebendo de novo havia cerca de um mês. Agora, posso ver claramente como a mensagem "não seja egoísta" disparou e me impediu de fazer o que queria. Estou tentando aprender a reconhecer as mensagens assim que elas surgem, em vez de duas semanas depois.

Muitos de nós somos atraídos e nos sentimos confortáveis com pessoas e sistemas que têm regras similares às nossas.[4] Se o sistema ou as pessoas tiverem regras diferentes, logo descobrimos. As regras têm poder para se fazerem rapidamente conhecidas.

Podemos mudar as regras

Ao nos recuperarmos, com o tempo estabelecemos novas regras. Gradualmente, aprendemos – com pessoas em nossos grupos de apoio, terapeutas, amigos saudáveis e livros e vídeos sobre recuperação – que podemos quebrar regras. No entanto, se tentarmos mudar nossos comportamentos sem alterar as regras, podemos nos sentir em conflito com nosso centro de controle.

Em vez de entrarmos em conflito ou esperarmos que a hora e as circunstâncias nos proporcionem novas regras, por que não modificá-las conscientemente? Assim como os outros comportamentos de reação que *costumávamos* ter, as regras eram valiosas somente como um escudo quando não tínhamos outra maneira de proteger a nós mesmos. Tivemos que aceitá-las para sobreviver. Porém, agora podemos escolher.

Quando comecei a me libertar dos alcoólicos de minha vida, quando fiz a consciente escolha de devolver a vida deles para eles e pedir a minha de volta, me senti tão insignificante quanto um balão murcho. Viver em proximidade com o alcoolismo ativo contribuiu para isso. Minha codependência em atividade contribuiu para isso. Obedecer às regras de mais de trinta anos, porém, contribuiu para tudo isso – para eu me sentir uma pessoa fraca, conviver com alcoólicos e com minha codependência. Elas não dão espaço ao *ego*. As regras não me deixaram ser uma pessoa saudável. Não me permitiram ser alguém, muito menos ser eu mesma.

As regras retiram de nós nosso poder pessoal, doado por Deus – nossos direitos humanos, mentais, emocionais, físicos e espirituais. Não precisamos abrir mão de nosso poder pessoal por causa dessas mensagens. Podemos nos presentear com novas regras, uma vez que tenhamos aceitado as antigas ou nos entregado a elas. A entrega geralmente precede o ato de assumirmos nosso poder. (Em minha vida, a entrega normalmente precede tudo.) O quanto desejamos nos entregar, geralmente, é o quanto receberemos em poder.

Aqui está a nossa primeira regra: podemos mudar as regras. Temos o poder, a capacidade e o direito de fazer isso. Estejamos nos recuperando há dez minutos ou há dez anos, nunca é cedo ou tarde demais para mudarmos as regras com confiança, ou mesmo agressivamente. Podemos assumir de volta nosso poder pessoal. Ganharemos poder. Quando mudarmos as regras, nossos comportamentos se modificarão.

Minhas novas regras são:

- Posso sentir emoções e falar sobre elas quando isso for seguro e apropriado, e se eu quiser.
- Posso pensar, tomar boas decisões e analisar a situação.
- Posso ter problemas, falar sobre eles e resolvê-los.
- Posso ser quem sou.
- Posso cometer erros, ser imperfeito, às vezes fraco ou não tão bom, às vezes melhor, e ocasionalmente fantástico.
- Às vezes, posso ser egoísta, colocar-me em primeiro lugar e dizer o que desejo e de que necessito.
- Posso dar aos outros, mas também posso manter algo para mim mesmo.
- Posso tomar conta de mim mesmo. Posso dizer "não" e estabelecer barreiras.
- Posso me divertir, ser alegre e gozar a vida.
- Posso tomar boas decisões sobre em quem confiar. Posso confiar em mim mesmo e em Deus, mesmo quando parece que não posso.
- Posso ser apropriadamente vulnerável.
- Posso ser direto e honesto.
- Posso ser íntimo de algumas pessoas.
- Posso crescer e mudar, mesmo que isso "balance as estruturas".
- Posso crescer no meu próprio ritmo.
- Posso amar e ser amado. Posso amar a mim mesmo, porque sou merecedor de amor. Sou bom o bastante.

Já convivi com as regras antigas por tempo demais. Livrar-me delas e seguir novas mensagens pode não ser fácil no começo. Tudo bem. Podemos fazer isso, de qualquer modo. Como disse antes, as regras antigas provavelmente não estavam coladas na porta da geladeira, mas podiam muito bem ter sido. Se as seguirmos a vida inteira, elas estarão coladas à nossa mente. Para fixar as novas regras, talvez precisemos tentar mais de uma, duas ou cem vezes, mas também podemos colá-las na porta da geladeira.

Podemos pensar. Podemos sentir. Podemos analisar as situações. Podemos resolver nossos problemas e abandonar aqueles que não temos como resolver. Podemos deixar de tomar conta de outras pessoas e começar a cuidar de nós mesmos. Podemos desfrutar a vida. Podemos ser íntimos, confiar, crescer, mudar e amar. Podemos fazer tudo isso. É responsabilidade nossa conceder permissão a nós mesmos.

Se temos um relacionamento com alguém que segue as regras antigas, essa pessoa pode reagir quando as quebrarmos. Ele ou ela pode sentir todas as emoções que temos quando a regra tenta se fazer valer: medo, culpa, vergonha e ansiedade. Ele ou ela pode querer que nos sintamos assim também. Porém, não temos que nos sentir assim. Se isso acontecer, não precisamos deixar que nossos sentimentos nos paralisem. Vivendo de acordo com novas mensagens, conseguiremos, calma e poderosamente, dar às pessoas à nossa volta permissão para viverem pelas novas regras.

Liberte-se entregando-se. Liberte-se quebrando as regras. Trabalhe para estabelecer novas regras. Trabalhe até que se tornem tão vivas e poderosas quanto as antigas. Trabalhe nelas até recuperar a si mesmo e a sua vida. Então, trabalhe mais.

Quando ficar preso, quando as regras antigas voltarem, quando as pessoas lhe disserem que você "não devia", quando começar a imaginar que talvez elas estejam certas, redobre os esforços. Quando a culpa, o medo e a vergonha se aproximarem, coloque a nova regra em sua mente consciente. Peça ao seu Poder Superior para lhe ajudar. Envolva-se com pessoas que apoiam seus esforços, que lutam para viver com novas regras. Apoie os esforços delas também. Isso se chama recuperação.

Regras são regras, mas algumas são feitas para serem quebradas.

Exercícios

1. Quais são suas antigas regras? Que novas regras deseja adotar? Escreva as regras que deseja quebrar, depois desenhe uma linha sobre elas. Risque-as. Agora, escreva as novas regras que escolher.
2. Aprenda a reconhecer quando uma antiga mensagem está tentando controlar seu comportamento. Preste atenção em como se sente. Use essas ocasiões para afirmar conscientemente suas novas regras.
3. O trabalho de visualização pode nos ajudar a mudar as regras. Conhecemos os comportamentos que as antigas regras geram; que comportamentos as novas gerarão? Imagine como seria seguir as novas regras. O que, especificamente, você fará diferente quando estiver seguindo uma nova regra? Como será? Como se sentirá? Como soará?

10
Vencendo a barreira da vergonha

> Sou pobre, negra,
> feia e não sei cozinhar,
> diz uma voz em tudo que ouço.
> Mas aqui estou.
>
> – Celie, em *A cor púrpura*,
> de Alice Walker

— Vocês não precisam ter vergonha de desejar ter um relacionamento – disse eu à plateia. – Se estivessem desempregados, vocês não teriam vergonha de procurar emprego, teriam?

– Eu teria – resmungou um homem na quinta fila.

Marcie, uma mulher de 34 anos que se recupera de problemas de adulto-criança e incesto:

– Fui a um baile, mas tudo que consegui fazer foi baixar a cabeça e olhar para os meus pés.

– Você não precisa se desculpar por ser quem é. Nem se envergonhar de ser quem é – disse-lhe eu.

– Bem – respondeu ela hesitantemente –, talvez às vezes eu precise.

– Há anos venho me recuperando da codependência e da dependência química. Durante todo esse tempo, minha orientadora tem dito que nunca viu tamanha discrepância entre o potencial, a inteligência e o talento de uma pessoa e o que tal pessoa pensa desses seus atributos. Finalmente, estou começando a entender o que ela quer dizer. Nunca dei crédito a mim mesma! Nunca me dei crédito algum! É como manter um carro de alto desempenho estacionado, e depois reclamar que ele não funciona – disse outra mulher.

Seja isso chamado de "limite da vergonha", "base da vergonha" ou "confronto com a vergonha",[1] esse sentimento pode ser um peso e um problema para muitos de nós. Pode nos puxar para trás e para baixo, e nos manter olhando para os nossos pés. Podemos não compreender tecnicamente a vergonha. Podemos não ser capazes de etiquetá-la. Podemos chamá-la de outras coisas: medo, confusão, culpa, raiva, indiferença ou culpa de outra pessoa.[2] No entanto, se estamos nos recuperando da codependência ou de problemas de adulto-criança, provavelmente fomos profundamente afetados pela vergonha.

A vergonha é a marca registrada das famílias instáveis. Ela aparece nas famílias dependentes, nas quais uma ou mais pessoas são viciadas em álcool, drogas, comida, trabalho, sexo, religião ou jogo. Surge nas famílias com problemas e segredos e naquelas cujos pais, avós ou mesmo bisavós tiveram vícios, problemas ou segredos.[3] A vergonha é o combustível do vício. É usada para nos manter na linha. Geralmente é passada de geração em geração, como uma valiosa peça de porcelana, até ser colocada na nossa sala de visitas.

Você devia ter vergonha! As palavras são uma praga que outros nos rogam. Uma praga que aprendemos a rogar a nós mesmos. Como uma tinta negra, a sujeira escorre de nossa cabeça até os nossos pés. Seja rogada com um olhar, com certas palavras, com um tom de voz ou com uma antiga mensagem dentro de nossa mente, ela ficará ali até fazermos algo a respeito. A praga diz: "O que você fez não está certo, quem você é não está correto, e nada que faça mudará isso." *Você devia ter vergonha!*

A vergonha tem suas raízes em nossa infância e se alastra por nossa vida presente. É uma forma de controlar, um instrumento usado pelos pais e pela sociedade, provavelmente desde o começo dos tempos. A vergonha é o sentimento que temos quando fazemos algo que decepciona as pessoas que amamos. Usada apropriadamente, pode ajudar a instilar ética e consciência.[4] É a culpa aplicada exteriormente.

A vergonha apropriada nos diz que certos comportamentos são inadequados e separa nossa forma de agir de quem somos. "Pare com isso, Johnny!", ralha a mãe. "Não quero ver você batendo em mais ninguém. Não devemos bater nos outros."[5] Nesse caso, Johnny aprendeu que não é correto bater, mas que é correto ser Johnny. Esse não é o tipo de vergonha de que estou falando neste capítulo. Estou falando sobre o tipo maledicente, a vergonha que diz: "Pare com isso, Johnny. E fique sabendo que você é mau, muito mau, por ter feito isso."

Nesse caso, Johnny aprendeu que não é correto bater e que não é correto ser Johnny. A culpa aplicada exteriormente se torna a culpa de ser. Em algumas famílias, também há vergonhą de comportamentos saudáveis e apropriados, como pensar, sentir, se divertir, amar e ser amado, cometer erros e cuidar de nós mesmos. Podemos ter desenvolvido uma sensação de vergonha sobre nosso corpo ou certas partes dele, ou nossa sexualidade.

Às vezes, ficamos com vergonha do que outros fizeram conosco. Geralmente, as vítimas de abuso são amaldiçoadas pela vergonha, embora não sejam responsáveis pelo comportamento impróprio.

Como a vergonha pode nos controlar, se deixarmos

Para muitos de nós, a vergonha vai além de ser aquilo que experimentamos quando decepcionamos alguém que amamos: passa a ser também aquilo que experimentamos quando provocamos a reprovação de qualquer pessoa, mesmo a de um estranho. Conta uma mulher em recuperação:

– Meus filhos estavam na entrada de um restaurante brincando com outras crianças. Estavam fazendo brincadeiras de criança, fazendo caretas, botando a língua para fora. Então, a mãe das outras crianças interveio. Eu disse a ela que não queria me envolver em briga de crianças; aprendi que normalmente ambos os lados têm culpa. Ela começou a reclamar de como meus filhos eram mal-educados, e com razão, porque eu era uma péssima mãe. Eu congelei. Comecei a passar mal por dentro. Passei um dia e meio remoendo a vergonha. Deixei uma total estranha falar assim comigo!

As pessoas podem nos controlar por meio daquilo que nos envergonha. A vergonha é isso – um instrumento para controlar comportamentos. Ser vulnerável a ela nos torna vulneráveis a ser controlados.

Pensar que alguém nos reprova – nos roga pragas – pode ser o suficiente para nos paralisar. A vergonha pode quase nos paralisar.

– A vergonha prende e bloqueia o fluxo de energia – diz o terapeuta Scott Egleston.

Deixe-me dar um exemplo. Há algum tempo, tive o problema de passar a chegar atrasada à igreja. Por muitas razões, mas sobretudo porque estava saindo tarde de casa. Comecei a me sentir envergonhada. O que os outros estavam pensando de mim? Que tipo de pessoa eu era, se não conseguia chegar à igreja com meus filhos na hora? Se não me incomodava o bastante para chegar na hora, por que me incomodava em ir? Passei a me esconder em um banco de trás, ralhando comigo mesma durante todo o culto em vez de ouvir o que o pastor dizia. Ninguém me desaprovava. Eu estava fazendo isso comigo mesma.

Quanto mais envergonhada me sentia, mais tentava chegar na hora e mais atrasada chegava a cada domingo. Num deles, tudo saiu errado, desde que acordei até a hora em que as crianças e eu chegamos à igreja. Ninguém conseguia encontrar as roupas certas. Alguém vomitou. Estávamos discutindo. Fiquei nervosa e isso se refletia em toda a família. O problema agora não se tratava mais de que era preferível chegar na hora. O problema agora é que eu não podia mais chegar tarde à igreja. Chegamos com quase 15 minutos de atraso.

Fiquei no saguão, do lado de fora. *Sou uma pessoa horrível,* pensei. *Como ouso chegar tarde assim!* Ninguém prestou nenhuma atenção em mim, mas eu podia ver toda a congregação se virando para me olhar, julgando-me e franzindo as sobrancelhas.

Não consegui entrar na igreja. Não pude mover os pés para a frente. Fiquei paralisada de vergonha. Agarrei as crianças e fui embora com elas, jurando que aquilo nunca mais aconteceria.

No domingo seguinte, me levantei, saí cedo de casa e cheguei à igreja com cinco minutos de antecedência. No entanto, todo mundo já estava saindo e entrando em seus carros. O culto tinha terminado. Havíamos entrado no horário de verão naquele dia, e eu me esquecera de adiantar o relógio. Estava quase uma hora atrasada! Então me rendi, e o problema desde então ficou controlável.

Moral da história: a vergonha pode nos impedir de agir. Se crescemos num sistema que associa a vergonha a comportamentos saudáveis como pensar, sentir e cuidar de nós mesmos, ela pode estar nos impedindo de fazer essas coisas. Cada vez que temos um sentimento, um pensamento, que nos divertimos, que ficamos íntimos de alguém ou deixamos que algo simplesmente aconteça, a vergonha pode estragar tudo. Ela pode nos fazer deixar de estabelecer limites e nos manter entrincheirados em nossos erros.

– Tive alguns comportamentos sexuais impróprios – recorda um homem. – Eu me envolvi em certa situação e fiz algumas coisas que me encheram de culpa e vergonha. Depois, me senti um lixo! Não sabia como lidar com todas aquelas emoções horríveis. Não sabia como perdoar e aceitar a mim mesmo. A única coisa que me fazia sentir melhor era fazer tudo de novo. Comecei um comportamento compulsivo que continuou por vários meses, até que finalmente me rendi e perdoei a mim mesmo. Não poderia mudar de comportamento enquanto me odiava. Somente pude mudá-lo quando comecei a amar a mim mesmo – incondicionalmente.

Até Opus, o pequeno pinguim das tiras de quadrinhos do *Bloom County*, teve sua experiência com a culpa. Alguns membros da comunidade encontraram Opus lendo certas revistas. Eles o acusaram de ser luxurioso e o baniram do reinado de Bloom County. De cabeça baixa, o exilado Opus foi para partes extremas do mundo. Algum tempo depois, aceitou um emprego pra fazer striptease para uma plateia de pinguins fêmeas, o único trabalho do qual se sentia merecedor.

– Estou sofrendo de baixa autoestima crônica e fatal – disse Opus.

A vergonha pode afetar as escolhas que fazemos: de cônjuge, de amigos, de casa, de emprego ou de carro; como gastamos dinheiro; e o que fazemos com nosso tempo. A vergonha pode nos impedir de ver nossas boas escolhas, porque não acreditamos que merecemos o melhor. Se cremos que não somos bons o bastante, cada encontro com a vida provará o que acreditamos, não importa o bem que façamos. Podemos procurar ou criar experiências para reforçar essa crença. Isso às vezes nos faz destruir uma coisa boa.

Um homem em recuperação nos conta a seguinte história:

– Sempre desejei ter um Mercedes. Um dia comprei um. Encomendei o carro e, ao recebê-lo, imediatamente a pior sensação tomou conta de mim. Quando ia a algum lugar, estacionava a um quarteirão de distância. Não dizia a ninguém que havia comprado o carro. Quando o dirigia, me sentia como se estivesse com um saco de papel enfiado na cabeça. Não sabia o que estava errado; apenas me sentia desconfortável com o carro. Uma semana depois, o levei a outra concessionária e comecei a negociar sua troca por um carro mais barato. Eu iria perder dinheiro! Então descobri a causa de tudo. O que estava errado era a vergonha. Não achava que merecia o carro.

Ele conclui a história:

– Acabei ficando com o carro. Estou trabalhando a minha vergonha. Estou me dedicando a mudar o que acredito sobre mim mesmo, e aceitando meu direito de possuir coisas boas.

A vergonha pode fazer com que nos sintamos loucos e tomemos atitudes absurdas. Magoa-nos acreditar que não é bom ser quem somos. Para proteger a nós mesmos dessa dor, podemos evitar a vergonha passando por outros sentimentos que são mais seguros e fáceis de manobrar: raiva, indiferença, uma esmagadora necessidade de controlar, depressão, confusão, distanciamento; ou obsessão de usar a "droga" de nossa escolha, seja ela álcool, medicamentos, comida, sexo ou dinheiro. Podemos transformar a vergonha em culpa, anestesia ou pânico. Ou podemos lidar com ela fugindo.[6]

Podemos não compreender que a vergonha esteja nos levando, ou a outros, a agir de determinada forma. É confuso manter um relacionamento com uma pessoa cheia de vergonha.[7] Podemos ver a fuga, a culpa ou a raiva, mas não conseguimos compreender por que nós ou a outra pessoa estamos agindo assim.

Certa noite, sonhei que estava numa prisão subterrânea. Havia outras pessoas comigo. Todas as minhas escolhas tinham que ser feitas entre as pessoas e as coisas naquela prisão subterrânea. Quando despertei, vi que a prisão representava a vergonha e a baixa autoestima. Também percebi que a porta daquela prisão não estava fechada; estava aberta. Tudo o que tinha de fazer era atravessá-la.

Nas páginas seguintes, discutirei algumas ideias para ajudá-lo a começar a caminhar através dessa porta. Esses pontos incluem:

- mudar de um sistema baseado na vergonha para um de amor-próprio e aceitação;
- expor a vergonha;
- tratá-la como um sentimento;
- localizar a vergonha até suas raízes;
- mudar o que for necessário;
- libertar-se da vergonha;
- conhecer seus direitos e suas regras.

Mudando do sistema baseado na vergonha para o de amor-próprio e aceitação

O sistema baseado na vergonha significa que operamos a partir do princípio implícito de que quem somos e o que fazemos estão errados. Ao nos recuperarmos, decidimos que quem somos está correto. Amamos a nós mesmos e nos aceitamos incondicionalmente. Quando fazemos algo que não seja apropriado, separamos esse comportamento da nossa identidade. O que fizemos pode não ser correto, mas nós somos. Então, tomamos providências para corrigir nosso comportamento. Esse é o objetivo básico da recuperação. É a essência dos programas dos Doze Passos, e o que podemos obter ao trabalhar os Passos.[8]

Esse sistema saudável acredita que, se estamos trabalhando na recuperação e estamos ligados ao nosso Poder Superior, temos um código moral interno que nos enviará sinais quando for violado. Esse sistema diz que podemos confiar em nós mesmos, na recuperação e em nosso Poder Superior. Também nos diz que podemos cometer erros, porque é assim que aprendemos e crescemos.

Desvendando a vergonha

Aprenda a reconhecer a diferença entre a vergonha e a culpa. A culpa é acreditar que o que fizemos não é certo. A culpa autêntica é valiosa. É um sinal de que violamos nosso próprio código ou um código moral universal. Ajuda a nos manter honestos, saudáveis e nos trilhos. A vergonha não tem valor. Ela é a crença de que, seja certo ou não o que fizermos, não somos corretos.[9] A culpa é resolvível. Reparamos o que fizemos, aprendemos com os erros e tentamos corrigir nosso comportamento. A vergonha não é resolúvel. Ela nos deixa com a sensação de que tudo que nos resta fazer é nos desculparmos por existir, e nem mesmo isso nos parece o bastante.

Podemos ter ataques suaves, médios ou graves de vergonha. Podemos viver num constante estado de vergonha. Ou aprender a reconhecer e identificar essa sensação: como nos sentimos, os pensamentos que ela produz e o que nos leva a fazer. Você corre, esconde-se, culpa-se, congela-se, entra numa crise de raiva ou tenta controlá-la? Aprenda a detectar quando a vergonha está no centro desses comportamentos. Jogue uma luz sobre a vergonha e a chame pelo que ela é: um sentimento sórdido incutido em nós para impor regras – geralmente as de outra pessoa.

Trate a vergonha como uma emoção

A vergonha é uma força poderosa. Por falta de palavra melhor, vamos chamá-la de emoção. Quando ela aparecer, trate-a como qualquer outra emoção. Converse sobre ela. Pelo menos, reconheça-a para si mesmo. Às vezes, sinto a vergonha em mim como um todo: baixo a cabeça, cubro o rosto com as mãos e digo: "Estou tão envergonhada." Outras vezes, simplesmente digo: "Sim. Isso é vergonha". A máxima de "lidar com a etiqueta das emoções" se aplica à vergonha: é nossa emoção e nossa responsabilidade. Torne-se consciente disso. Depois aceite. A vergonha é como qualquer outra emoção: negá-la não a faz ir embora; faz com que fique maior.

Hoje, esses momentos em que me sinto envergonhada não me incomodam mais. Costumava me sentir assim a maior parte do tempo. Agora, geralmente tenho autoestima e bons sentimentos suficientes para notar quando a vergonha volta para mim.

Localize a vergonha até as suas raízes

Por que você se sente envergonhado? A quem você decepcionou? Que regras está quebrando? As de outra pessoa ou as suas? Talvez estejamos fazendo algo que legitimamente nos leve a nos sentir culpados. Talvez estejamos violando nosso próprio código moral, e a culpa tenha se interligado à vergonha. Às vezes, a vergonha é uma indicação de algo que realmente precisamos mudar, mas que provavelmente não mudaremos até nos livrarmos dessa emoção.

Certas vezes, a vergonha se instala sobre nosso passado – algo que não pode ser mudado.

Outras vezes, ela indica que quebramos uma regra de família. Cada um de nós tem suas próprias mensagens, e a vergonha está ligada a elas. Lidar com esse sentimento pode nos ajudar a compreender nossas mensagens. Uma mulher partilhou comigo a seguinte experiência:

– Quando conversava com um homem, ficava totalmente envergonhada. Não fazia diferença se era apenas um amigo ou alguém interessado em mim. Depois, descobri o que estava acontecendo. Quando era adolescente, minha família tinha verdadeiros tabus sobre sexualidade. Quando meu pai me pegava conversando com um rapaz, ele me envergonhava. As palavras que usava geralmente eram: "Você devia ter vergonha. Está agindo como uma vagabunda." Aos 35 anos, eu já vivia em outra cidade, longe de meu pai, mas suas palavras ainda ecoavam em minha cabeça. A vergonha ainda estava dentro de mim cada vez que conversava com um homem. Compreender isso ajudou. Agora sou capaz de me dar novas mensagens; a vergonha está desaparecendo.

Diz outra mulher, mãe de três filhos:

– Eu me sinto envergonhada cada vez que saio de casa sem as crianças. Certo dia, parei de fugir da vergonha e descobri a mensagem: uma boa mãe sempre coloca os filhos em primeiro lugar. Uma vez que identifiquei tal regra, pude mudá-la. Minha nova mensagem é: uma boa mãe também toma conta de si mesma.

Mude o que for necessário

Se nos sentimos envergonhados porque fizemos algo que nos deixa culpados, transformamos a vergonha em culpa, depois fazemos as correções apropriadas e modificamos nosso comportamento. Se concluímos que a vergonha está tentando reforçar em nós uma regra não saudável e imprópria, então mudamos a mensagem. Se ficamos envergonhados por algo que não podemos ou não precisamos mudar, nos entregamos à situação e damos um grande abraço em nós mesmos.

Liberte-se da vergonha

Uma vez que aceitamos a presença da vergonha, falta apenas buscar uma maneira de fazê-la desaparecer. Discuta com ela. Fique com raiva dela. Diga-lhe para ir embora. Sinta-a intensamente. Fique amiga dela. Deixe-a partir. Trabalhe os Sexto e Sétimo Passos do programa dos Doze Passos. Trabalhe o Sexto Passo se preparando para remover o inconveniente da vergonha e o Sétimo Passo pedindo a Deus para removê-lo.[10] Faça isso da maneira que funcionar para você, mas continue com o curso de ação que escolher e abandone o sentimento de vergonha.

Conheça seus direitos e suas regras

Muitos de nós crescemos com a vergonha presa às necessidades e aos direitos humanos básicos.[11] Conhecer nossos direitos e regras ajuda, pois assim poderemos lidar com a vergonha quando ela tentar reforçar as velhas regras. Temos o direito de dizer sim ou não, de ser saudáveis, de nos sentir seguros e cuidar de nós mesmos. Temos o direito de estabelecer limites, de não sofrer abuso, de crescer no nosso ritmo, de cometer erros, de nos divertir e de amar e sermos amados. Temos o direito às nossas percepções, observações, opiniões e emoções. Temos o direito de nos tornar tão saudáveis e bem-sucedidos quanto pudermos.

Temos também outros direitos. Descobri-os no dia em que percebi a "base" da minha vergonha. Tinha hora marcada com um conselheiro vocacional em uma universidade. Eu não iria fazer testes. Não teria que passar em um exame. Não tinha nada a ganhar ou a perder. Apenas precisava de alguns folhetos e informações. No entanto, estava ansiosa e assustada, porque era a forma como costumava me sentir. Então, descobri o que estava acontecendo. Sentia-me ansiosa a maior parte do tempo porque não me considerava apropriada para a vida. A situação ou as circunstâncias não importavam. Não me sentia bem o bastante. Eu não era o bastante.

Naquele dia, tomei uma decisão. Estou aqui, sou o que sou, e sou o bastante, apesar de meu passado, de meu presente, de meu futuro, de minhas fraquezas e fobias, de meus erros e de minha humanidade.

Somos bons, somos bons o bastante. Às vezes, cometemos grandes erros; noutras, cometemos pequenos deslizes. Entretanto, o erro é o que fazemos, não quem somos. Temos o direito de existir, de estarmos aqui e ser quem somos. Se não estamos certos de quem somos, temos o direito de fazer essa excitante descoberta. Não devemos jamais deixar que a vergonha tente nos convencer do contrário.

Exercício

1. Mantenha um registro de seus ataques de vergonha em suas atividades diárias. Procure, então, pelos padrões. Em que situações você é mais vulnerável à vergonha: conversando sobre seus sentimentos? Sobre seu corpo? Divertindo-se? Cometendo erros e sendo imperfeito? Pensando no passado? Que pessoas parecem provocar mais a sua vergonha?

11
De destituído a merecedor

Observarei cuidadosamente o ponto em que me encontro hoje e serei grato por isso. É o certo para mim agora, e está me preparando para a aventura que virá.

– de Each Day a New Beginning

O psiquiatra mostrou a Jason uma figura.[1]

– O que isso parece?

Jason, um homem de meia-idade, cabelos grisalhos, disse que parecia um pássaro.

– Ótimo – disse o psiquiatra, virando a página. – E isso aqui?

Jason disse que parecia uma árvore. O médico concordou, e lhe mostrou a figura seguinte.

– Uma borboleta.

– E isso? – perguntou o doutor.

Jason olhou cuidadosamente. Examinou a figura de todos os ângulos.

– Não sei o que é isso – respondeu Jason.

O psiquiatra mostrou mais duas figuras a Jason, mas elas também não lhe lembravam nada. Depois dessas três figuras, Jason continuou identificando as imagens restantes do teste.

– Por que não consegui reconhecer aquelas figuras? – indagou Jason ao psiquiatra.

– Não é surpreendente que elas não tenham feito sentido para você – respondeu o psiquiatra. – Elas representam o amor paterno. Você só seria capaz de reconhecê-las se tivesse tido amor paterno. As figuras passaram em branco porque essa é uma lacuna no seu desenvolvimento.

Jason começou a falar. Contou como era ser o primeiro de nove filhos de uma família de fazendeiros durante a depressão. Recordou seus 15 anos de batalha contra o alcoolismo. Mencionou seus dois casamentos fracassados com mulheres que o tratavam como seu pai o havia tratado – friamente e com rejeição. Falou sobre seus esforços incessantes de fazer favores para as pessoas e não ser apreciado. Quando terminou, calou-se por alguns minutos. Quando falou de novo, parecia mais um menino de 9 anos do que um homem de 50.

– Por que meu pai nunca me pegou no colo, ou me abraçou, ou disse que gostava de mim? – perguntou. – Por que nunca me falou que me amava?

– Ou não era capaz de fazer isso, ou não sabia como demonstrar amor – respondeu-lhe calmamente o psiquiatra.

Jason se levantou. Tinha lágrimas nos olhos, mas uma nova força em seu rosto.

– Quer dizer que não tive culpa? Não foi culpa minha? Não sou indigno de ser amado?

– Não – disse o doutor. – Você não é indigno de ser amado. Você apenas foi destituído de amor.

A busca do normal

Muitos de nós fomos destituídos quando crianças. Podemos ter sido tão privados de bons sentimentos que passamos a acreditar que a vida não valia a pena. Podemos ter sido tão destituídos de amor que acreditamos que éramos inúteis. Podemos ter sido tão privados de proteção e estabilidade que acreditamos que as pessoas não eram confiáveis. Nossos pais podem ter estado tão envolvidos com seus problemas e suas dores, eles mesmos tão destituídos que não conseguiam nos dar aquilo de que necessitávamos. Podemos ter sido privados de bens materiais: presentes, balas, roupas, comida ou um lar decente.

Alguns de nós fomos destituídos de infância.

Já se disse que filhos de famílias desajustadas não sabem o que é "normal". Isso porque muitos de nós não convivemos o bastante com a "normalidade".

Minha busca pelo normal tem sido uma tarefa dura. O que é a alegria? O que é o amor? Como isso é sentido ou com o que se parece? O que é um bom relacionamento? Como formamos uma opinião? O que fazer no nosso dia de folga? Como se compram roupas? Como se fazem amigos? O que se faz com eles quando os conseguimos? O que é loucura? O que é sanidade? O que fazer para nos sentirmos melhor quando estamos magoados? Quais são as coisas boas da vida? Existe alguma? Quanto posso ter delas?

Para muitos de nós, a vida é uma grande loja de dois departamentos: o térreo, com vitrines e mais vitrines de coisas boas, muitas das quais não sabemos o que são porque nunca as vimos antes, e o porão das barganhas, com as pontas de estoques e as mercadorias com defeitos. É neste que fazemos nossas compras.

Veja a seguinte conversa entre duas mulheres. Uma delas está se recuperando de problemas de adulto-criança e do casamento com um alcoólico. A outra é de uma família com uma história bastante normal.

– Não consigo decidir se devo terminar com meu namorado ou não – diz a primeira.

– Quais são as qualidades dele? – pergunta a amiga.

– Bem, ele trabalha todos os dias. Geralmente, faz o que diz que vai fazer. É carinhoso e nunca me bateu.

– Não – diz a amiga –, você não me entendeu. Quais são as qualidades dele? Essas coisas que você mencionou são normais.

– Oh – disse a mulher. – Não sabia disso.

Qual das duas você acha que é uma adulta-criança?

As perdas são difíceis. Dói muito ter algo e depois perdê-lo. A destituição é profunda. Cria uma lacuna em nós.

Conta uma mulher em recuperação:

– Nunca tive uma figura paterna saudável, carinhosa e presente. Tive um pai alcoólico que abandonou a família quando eu tinha 2 anos e um padrasto indiferente por dois anos quando era adolescente. Quando cresci, tive vários relacionamentos fracassados, com os mesmos tipos de homem: alcoólicos ou indiferentes. Não sabia que havia outros tipos. Se você nunca provou ou ouviu falar em sorvete, isso não fará parte de seu mundo. Não é uma escolha. Pois é, os homens saudáveis e carinhosos não fizeram parte do meu mundo. Não eram escolhas.

Ela prossegue:

– Certo dia, durante uma viagem de ônibus, me sentei perto de um senhor mais velho. Começamos a conversar e ele me falou da esposa, de como se sentia na primeira vez em anos que eles viajavam separadamente. Contou casos sobre os filhos. Recordava a maioria dos acontecimentos com alegria. Falou sobre uma vez em que seu filho lhe pediu para fazer algo, e ele estava ocupado demais para atendê-lo. Disse que se sentiu culpado por isso durante anos, até que um dia mencionou o incidente para o filho, mas este não se lembrava daquilo. O que ele não disse, mas percebi, foi que estava sempre presente para a família, emocional, física, mental e financeiramente. Importava-se com eles e era saudável o bastante para demonstrar isso.

A mulher explica que seus olhos então se abriram para algo pela primeira vez:

– Não sabia que aquele tipo de homem, de marido, de pai, de pessoa e de família existia na vida real. Por um momento, fiquei tomada de tristeza. Eu já tinha trabalhado a tristeza, mas como poderia sentir tristeza por algo que não sabia que havia perdido? Senti pesar por não ter conhecido aquele tipo de amor paternal ou familiar. Depois, acrescentei aquela informação à minha realidade. Aquele tipo de amor e de homem existe por aí.

Precisamos preencher as lacunas. Existem muitas opções para nós:

- amor saudável;
- uma identidade;
- a sensação implícita de segurança;
- a regra de nos sentirmos bem;
- a capacidade de resolver conflitos;
- bons amigos;
- um trabalho satisfatório;
- dinheiro suficiente;
- o amor e a proteção incondicional do Poder Superior.

Muitos de nós fomos destituídos quando crianças, mas carregamos essa privação até a vida adulta. A privação cria pensamentos de privação. Pensamentos de privação perpetuam a destituição.

Podemos cair na armadilha do pensamento da insuficiência: existem coisas boas por aí, mas elas não sobram para nós. Podemos ficar desesperados, brigando para conseguir o que pudermos e nos agarrando a isso, seja ou não o que desejamos, seja ou não bom para nós. Podemos ficar ressentidos e invejosos de pessoas que têm o bastante. Podemos esconder o que possuímos ou nos recusar a desfrutá-lo, com medo de gastar tudo. Podemos desistir e nos conformar com menos. A privação se torna rotineira. Podemos continuar a ter medo de sermos destituídos, mesmo quando não somos.

– Sempre compro 52 rolos de papel higiênico de uma vez, só – diz uma filha de alcoólico, que já foi casada com dois alcoólicos. – Compro 52 rolos de uma vez porque durante meus casamentos sempre faltava papel higiênico e nunca sobrava dinheiro para comprá-los. Nunca mais quero passar por isso. Durante os últimos três anos, ganhei mais de 25 mil dólares por ano. Sempre tenho bastante dinheiro para comprar mais. Mas não me sinto como se tivesse o bastante, ou como se fosse ter o bastante.

Podemos reagir à privação de muitas maneiras. Podemos insistir que a vida e as pessoas que conhecemos devem compensar tudo que nunca tivemos. Isso não é justo, essas expectativas podem destruir o que temos de bom hoje.

Pensamentos negativos e de privação fazem as coisas desaparecerem. Quando reclamamos que um copo d'água está meio vazio, estamos tão concentrados no que não temos que não conseguimos agradecer que o copo esteja meio cheio de água, ou por termos o copo em si, ou por estarmos vivos e saudáveis o bastante para bebermos aquela água. Ficamos tão amedrontados que isso pode até nos incapacitar de conseguir mais, ou ficamos tão amargurados por ter apenas meio copo d'água que deixamos de bebê-la. Deixamos o copo em cima da mesa até que a água se evapore. Então ficamos sem nada, e dizemos que era isso que tínhamos de qualquer maneira. Não é verdade! Se estamos com sede, podemos beber a água do copo, depois ir ao filtro e pegar mais.

Talvez o efeito mais profundo da privação seja que podemos pensar que não merecemos as coisas boas da vida. Isso não é verdade, mas nossa crença se transforma em verdade. O que acreditamos que merecemos, o que realmente acreditamos lá no fundo será o que conseguiremos.

Pensamentos negativos e de privação podem evitar que enxerguemos o que existe de bom em nossa vida e podem fazer com que as coisas boas deixem de acontecer. Sentir-nos destituídos dói. Andar pela vida acreditando que não há o bastante para nós também dói. É doloroso crer que não somos merecedores. Então, pare. Agora. Você pode preencher as lacunas com "há bastante para mim" e "eu mereço". Há o bastante para você. Há o bastante também para os outros. Você merece o melhor, seja lá o que isso signifique para você.

O princípio da gratidão

Pensamentos de privação fazem as coisas boas parecerem valer menos ou nada. Já pensamentos agradecidos fazem tudo ficar melhor.

Há muitos anos, quando comecei a reconstruir minha vida, abalada pelo uso de drogas, sonhei em me casar, ter filhos e uma família. Também sonhava em ter uma casa, uma linda casa para ser nosso pequeno castelo. Desejava ter algumas das coisas que as outras pessoas tinham. Eu queria o "normal", fosse lá o que fosse.

Parecia que estava perto de conseguir isso. Casei-me, engravidei e tive uma linda menina. Agora só faltava uma casa. Olhamos todos os tipos de casas dos sonhos – grandes e médias. No fim das contas, a casa que compramos não era nenhuma delas, mas era o que podíamos pagar.

Ela fora alugada por 15 anos e estava vazia havia um ano. Era uma casa de três andares, com janelas e portas quebradas. Alguns quartos tinham dez camadas de papel nas paredes. Algumas paredes tinham buracos. O chão era coberto com um carpete laranja vivo em que havia grandes manchas. Não tínhamos dinheiro ou habilidade para consertar aquilo tudo. Não tínhamos dinheiro para comprar janelas, cortinas ou tinta. Nem para móveis. Tínhamos três andares de uma casa dilapidada, com uma mesa de cozinha, duas cadeiras, uma cadeira de bebê, uma cama, um berço e duas cômodas, uma das quais com as gavetas quebradas.

Cerca de duas semanas depois que nos mudamos para lá, um amigo foi nos visitar. Ficamos conversando sobre como poderia ser bonito o gramado se houvesse grama ali. Meu amigo falou várias vezes sobre quanta sorte tínhamos e sobre como deveria ser bom ter o próprio lar. No entanto, não me sentia felizarda, tampouco estava gostando. Não conhecia ninguém que tivesse uma casa naquelas condições.

Não falava muito sobre como me sentia, mas todas as noites, quando os outros dormiam, descia pé ante pé até a sala, sentava-me no chão e chorava. Isso se tornou um ritual. Enquanto meu marido e minha filha dormiam, eu me sentava no meio da sala pensando em tudo que odiava na casa, chorando e me sentindo impotente. Fiz isso durante meses. Por mais legítima que minha reação possa ter sido, isso não mudava nada.

Às vezes, em desespero, tentava arrumar a casa, mas nada funcionava. Na véspera do Dia de Ação de Graças, tentei pintar as paredes da sala de visitas e de jantar. Porém, as camadas de papel de parede começaram a descascar no instante em que coloquei tinta sobre elas. Outra vez, encomendei um papel de parede caro, tentando crer que teria dinheiro para pagar quando ele chegasse. Não tive.

Então, uma noite, durante meu ritual de lamentação, ocorreu-me um pensamento: *Por que não tentava ser grata?*

Primeiro, rejeitei a ideia. A gratidão era um absurdo. Agradeceria o quê? Como poderia ser grata? E por que deveria? Depois, decidi tentar de alguma maneira. Não tinha nada a perder. Estava ficando cansada da minha choradeira.

Ainda não sabia muito bem quanto ao que deveria ser grata, então decidi ser grata por tudo. Não me senti agradecida. Porém, desejei ser. Forcei-me a ser. Trapaceei. Inventei. Fingi. Forcei-me a ter pensamentos de agradecimento. Quando pensava nas camadas de papel de parede que descascavam, agradecia a Deus. Agradecia a Deus por cada coisa que odiava na casa. Agradeci a Ele por dá-la a mim. Agradeci a Ele por estar ali. Até agradeci a Ele por odiá-la. Todas as vezes em que tinha um pensamento negativo sobre a casa, contrabalançava-o com um de agradecimento.

Talvez não fosse uma reação lógica à negatividade, mas acabou sendo a mais efetiva. Depois de praticar gratidão por uns três ou quatro meses, tudo começou a mudar.

Minha atitude mudou. Deixei de me sentar e chorar no meio da sala e comecei a aceitar a casa do jeito que estava. Comecei a tomar conta dela como se fosse a casa dos sonhos. Agi como se fosse a casa dos meus sonhos. Eu a mantinha limpa, arrumada e bonita como podia.

Depois, comecei a pensar. Se primeiro retirasse todas as camadas antigas de papel de parede, talvez a tinta aderisse. Retirei o carpete laranja e descobri que o piso da casa inteira era de carvalho. Abri algumas caixas de guardados e encontrei cortinas de renda antigas que cabiam nas janelas. Descobri um brechó beneficente que vendia um papel de parede decente a 1 dólar o rolo. Aprendi pintura de textura, uma técnica para preencher e cobrir todos os antigos buracos e rachaduras nas paredes. Decidi que, se não sabia como consertar as coisas, poderia aprender. Minha mãe se ofereceu pra me ajudar com o papel de parede. Tudo de que precisava vinha a mim.

Nove meses depois, tinha uma bela casa. O chão de carvalho brilhava por toda parte. O papel de parede em estilo campestre e as paredes brancas texturizadas contrastavam lindamente com o trabalho de madeira que decorava cada cômodo.

Quando me deparava com um problema – metade das portas dos armários da cozinha estava faltando, e não havia dinheiro para contratar um carpinteiro –, eu expressava gratidão. Logo depois surgiu uma solução: tirar todas as portas e ter uma cozinha aberta, em estilo rústico.

Trabalhei e trabalhei, e acabei ficando com uma linda casa de três andares. Não era perfeita, mas era minha. Estava feliz em viver ali. Orgulhosa e grata por estar ali. Eu amava aquela casa.

Logo a casa também se encheu de mobília. Aprendi a comprar bons móveis aqui e ali por 5 a 10 dólares, cobrindo os defeitos com rendas, babados e retoques. Aprendi como fazer algo do nada, em vez de não fazer nada de alguma coisa.

Durante minha recuperação, por muitas vezes tive a oportunidade de praticar os princípios da gratidão. Isso me rendeu frutos. Ou eu mudava, ou minhas circunstâncias mudavam, ou ambos mudávamos.

As pessoas me dizem: "Mas você não imagina as minhas dificuldades! Não sabe o que já passei. Não sabe como a situação está difícil. Não sabe o que é não ter nada!"

Sim, eu sei. A gratidão é a solução. Sermos gratos pelo que temos hoje não significa que isso seja tudo que teremos para o resto da vida. Significa que reconhecemos que o que temos hoje é o que devemos ter hoje. Há o bastante, somos o bastante, e tudo de que necessitamos virá no futuro. Não temos que nos preocupar com o que os outros têm; eles não possuem o que possuímos. Tudo o que precisamos fazer é apreciar e cuidar do que temos hoje. O segredo é simples: precisamos primeiro ser gratos – antes de conseguirmos mais alguma coisa, e não depois.

Em seguida, precisamos crer que merecemos o melhor que a vida tem a oferecer. Se não confiamos nisso, precisamos mudar o que acreditamos merecer. Modificar nossas crenças sobre o que merecemos não é um processo que acontece da noite para o dia. No que se refere a relacionamentos, trabalho, casa ou dinheiro, isso geralmente acontece pouco a pouco. Acreditamos que merecemos algo um pouco melhor, depois algo ainda melhor, e por aí vamos. Precisamos começar de onde estamos, mudando nossas crenças como pudermos. Algumas transformações levam tempo.

Acreditar que merecemos coisas boas é tão importante quanto a gratidão. Praticar esse sentimento sem mudar o que acreditamos merecer pode nos manter presos à privação.

Conta-nos uma mulher em recuperação da codependência:

– Ganho 30 mil dólares por ano. Todas as manhãs, entrava em meu carro de dez anos com um aquecimento quebrado e agradecia a Deus por ele. Era tão grata! Meus filhos insistiam para que comprasse um carro novo, e eu dizia que não; estava grata por ter o meu antigo. Então, um dia, quando conversava com alguém sobre privação, me dei conta de que poderia pagar por um carro novo se realmente acreditasse que merecia um. Mudei de ideia sobre o que merecia e comprei um carro novo.

Há momentos em nossas vidas em que nos privarmos de algo nos ajuda a forjar o caráter, nos prepara para certos propósitos, ou é parte de "pagar as nossas dívidas" enquanto nos direcionamos aos nossos objetivos. Há um propósito para a privação, assim como há também um começo e um fim. Muitos de nós já levamos isso longe demais. Nossa privação já não tem mais propósito nem finalidade.

Num antigo cartum de Andy Capp, a mulher dele reclama de um casaco esfarrapado:

– Esse meu casaco está uma desgraça. Tenho vergonha de sair com ele. Realmente preciso de um novo – diz ela.

– Vamos ver, vamos ver – responde ele.

Ela pensa: "Nada feito. Mas se não tentarmos, nunca saberemos o que pode acontecer."

Bem, nunca sabemos o que podemos ter até tentarmos. Podemos não saber o que já temos até nos sentirmos agradecidos. Seja grato e acredite que merece o melhor. Pode ser que você já tenha mais do que pensa. Amanhã pode ser ainda melhor do que imagina.

Exercício

1. Para ajudar você a determinar o que acredita merecer, complete cada uma das declarações que se seguem. Escreva tantas conclusões quantas lhe ocorrerem para cada declaração, até esquadrinhar bem suas crenças.

Escreva num estilo de livre associação, colocando o que lhe vier à mente. Isso não é um teste. É para aumentar sua autoconscientização. Quando identificar suas crenças negativas, transforme-as em positivas usando "eu mereço". Aqui estão exemplos de possíveis formas de completar a primeira fase:

Não consigo ou não posso ter um relacionamento carinhoso e saudável porque:

John não para de beber.
Não existe homem bom por aí.
Não tenho tempo.
Não adianta.
Os homens sempre me abandonam.
Eu desisto.
Nunca encontrarei o amor.
Não sei como.
Ninguém me ama.

Aqui está outro exemplo:

Não consigo ou não tenho emprego porque:

Não tenho diploma.
Ninguém me contrataria.
Não tenho um bom currículo.
Nunca aprendi a fazer nada.
Nunca serei nada de qualquer maneira.
Todos os bons empregos já estão ocupados.
Posso muito bem me conformar com o que tenho, pois é melhor do que nada.
Não estou nem aí para emprego.

Escreva tantas conclusões para essas declarações quanto conseguir imaginar:

- Não consigo ou não posso ter um relacionamento amoroso saudável porque:
- Não consigo ou não posso ter um emprego de que goste porque:
- Não consigo ou não posso ter um lar confortável porque:
- Não consigo ou não posso ter uma vida feliz e saudável porque:
- Não consigo ou não posso amar a mim mesmo incondicionalmente porque:
- Não consigo ou não posso ter bastantes amigos porque:
- Não consigo me divertir ou não me divirto porque:
- Não consigo ter dinheiro suficiente porque:
- Não consigo ou não posso aceitar o amor de Deus por mim porque:
- Não consigo ou não posso ter boa saúde porque:
- Não consigo ou não posso ser bem-sucedido porque:
- Não consigo ou não posso ser inteligente o bastante porque:
- Não posso ter boa aparência porque:
- Não posso desfrutar a vida porque:

12
Afirme a si mesmo

Era o que todos queríamos quando crianças – ser amados e aceitos exatamente como éramos, não quando ficássemos mais altos ou mais magros ou mais bonitos... e ainda queremos isso... mas não vamos consegui-lo de outras pessoas até que consigamos isso de nós mesmos.

– Louise Hay[1]

Eu achava que frases afirmativas eram... vamos dizer, bobas. No entanto, mudei de ideia – e também mudei de vida. Mudei de ideia porque as afirmações foram um instrumento que ajudou a transformar a minha vida. Além dos programas dos Doze Passos e de nosso Poder Superior, as afirmações podem ser o instrumento de recuperação mais importante que podemos adotar.

"Afirmar" significa dizer positivamente, declarar com firmeza ou assegurar ser verdade.[2] Na recuperação, o conceito de usar afirmações está intimamente associado a outro termo, *autorizar.* "Autorizar" significa conferir capacidade, possibilitar ou permitir.[3]

Nos quatro últimos capítulos, examinamos uma variedade de origens de mensagens negativas. Por causa das mensagens de nossa família de origem, das regras, da vergonha e da privação, muitos de nós desenvolvemos um repertório de ideias negativas sobre nós mesmos, sobre outras pessoas e sobre a vida.

Podemos repetir essas mensagens, pensar e acreditar nelas há anos. Podemos ter um ritual disciplinado para repetir tais mensagens. Muitos de nós repetimos essas crenças há tanto tempo que as internalizamos. As mensagens negativas ficaram gravadas em nosso subconsciente e se manifestam em nossa vida. Transformaram-se em nossas premissas, em nossas verdades e, portanto, em nossa realidade.

Na recuperação, desenvolvemos um repertório de ideias positivas sobre nós mesmos, outras pessoas e a vida. Desenvolvemos um ritual disciplinado de repetir essas mensagens. Repetimos tanto essas crenças que as internalizamos. As mensagens positivas ficam gravadas no nosso subconsciente e se manifestam em nossa vida. Transformam-se em nossas premissas, nossas verdades e, portanto, em nossa realidade. É isso o que são as frases afirmativas. Mudamos nossa energia e nossa vida do negativo para o positivo. As afirmações são a maneira de carregarmos nossas baterias.

A maioria de nós passou muito tempo de nossas vidas afirmando e confirmando certas ideias sobre nós mesmos, os outros e a vida. O ponto crucial da recuperação é escolhermos o que queremos afirmar.[4]

– Já fiz meu trabalho de família de origem – diz uma mulher. – Já conheço as mensagens. Conheço meus padrões. Mas o que faço com isso?

Afirmações e autorizações são o que "fazemos com isso". As afirmações são como mudamos as regras e as mensagens, como lidamos com a vergonha, como passamos do caminho da privação para o do merecimento. Afirmamos que cada nova crença é a verdade; nos damos novas permissões, criamos novas mensagens, e concedemos a nós mesmos novas habilidades. Autorizamos o bom e o positivo em nós e em nossa vida. As afirmações não são opcionais. São o centro de nosso trabalho de recuperação. Se as mensagens negativas têm contribuído para a destruição, imagine o que as positivas podem nos ajudar a criar!

Afirmações não são pequenas bobagens ou desejos tolos; elas são o antídoto da negatividade que há todos esses anos alimentamos em nós mesmos. As afirmações abrem as portas para o que já existe de bom e para que as coisas boas entrem em nosso caminho.

Ultimamente, a conexão entre pensamentos, sentimentos, crenças, bem-estar físico e a realidade tem recebido destaque. Livros como *Você pode curar sua vida*[5], de Louise Hay, e *Amor, medicina e milagres*[6], de Bernie Siegel, têm ocupado o topo das listas dos best-sellers, e com razão. Eles fazem sentido. O que pensamos, dizemos e acreditamos pode afetar o que fazemos, quem conhecemos, com quem nos casamos, como nos apresentamos, como nos sentimos em nossa vida e até mesmo, segundo dizem alguns, o quanto vivemos.[7]

Nossas crenças podem influenciar os tipos de doenças que pegamos e a nossa recuperação.

As afirmações podem ajudar a criar realidade

As frases afirmativas criam espaço para que a realidade aconteça.[8] O conceito de usar afirmações na recuperação significa substituir as mensagens negativas pelas positivas: mudamos o que dizemos para que possamos alterar nossa percepção. Se dermos ênfase ao que há de bom em nós, e autorizarmos sua existência, veremos mais qualidades nossas e as aumentaremos. Se compreendermos o que há de bom em outros, também conseguiremos mais coisas boas.

A força e a responsabilidade para transformar nossas crenças e mensagens – para afirmarmos e autorizarmos a nós mesmos – estão dentro de cada um de nós. Em certas ocasiões de nossa vida, podemos precisar contar com os outros para nos apoiarem e nos darem força. Quando comecei a me recuperar da codependência, certas pessoas me apoiaram e me deram força, e isso foi um presente de Deus. Tento passar esse presente para a frente. Ainda preciso de pessoas que acreditem em mim e me deem força. É bom fazer isso um para o outro. Quando começarmos a nos afirmar e a autorizar a nós mesmos, daremos passos gigantescos.

A recuperação é um processo, um processo espiritual. Porém, trabalhar intensamente com as afirmações é um de nossos deveres nesse processo.

Autorizar significa dar poder a algo ou alguém.[9] A que temos dado poder? À nossa aparência horrível? A como nos sentimos mal? Aos nossos problemas? Aos problemas dos outros? À nossa falta de dinheiro, de tempo ou de talento? Às desgraças da vida? Próxima pergunta: queremos realmente alimentar ideias negativas, sabendo que essas atitudes certamente gerarão mais ideias negativas e mais dificuldades? Queremos dar força ao problema ou à solução?

Se nossos relacionamentos íntimos não deram certo no passado, podemos acreditar que eles não funcionam, que não existe ninguém saudável por aí, que as pessoas sempre nos usam. Podemos brincar sobre isso ou falar seriamente. Ou podemos manter esse pensamento para nós mesmos. No entanto, isso se torna o que acreditamos e esperamos. Se queremos mudar o que acontece, devemos modificar o que acreditamos e esperamos. Relaxamos em relação ao passado e ao presente e nos libertamos da necessidade de que essas circunstâncias negativas aconteçam.[10] Então, modificamos nosso comportamento. Aceitamos as circunstâncias presentes, mas criamos espaço para que algo diferente aconteça em nossa vida.

Existe gente boa por aí. As pessoas saudáveis e carinhosas me atraem, e eu a elas. Um relacionamento saudável vai acontecer. Não ficamos obcecados com isso. Não ficamos esperando isso acontecer. Contudo, podemos afirmar esse novo pensamento cinco vezes ao dia, ou quando um antigo pensamento negativo nos ocorrer. Não pensamos nos resultados. Se algo acontecer hoje, amanhã ou na próxima semana, decidimos que essa será nossa crença. Se algo contrário às nossas crenças acontecer, não usamos o incidente para provar que a antiga crença na realidade era verdadeira.

Modificamos nossas mensagens e regras de família de origem de negativas para positivas. Por exemplo, modificamos "não mereço ser amado" e "não sou capaz de cuidar de mim mesmo" para "mereço ser amado" e "sou capaz de cuidar de mim mesmo". Dominamos o negativo com uma mensagem positiva igualmente poderosa.

Se a vergonha for um problema para nós, podemos nos concentrar na seguinte mensagem: "devo ser quem eu sou. Quem eu sou é bom, sou muito bom". Também modificamos o que acreditamos merecer. No exercício ao fim do capítulo anterior, poderemos descobrir uma lista de ideias negativas implorando para serem mudadas. O que desejamos afirmar é escolha de cada um. Se antes acreditávamos que não existiam suficientes empregos e homens bons, dinheiro suficiente ou bastante amor para todo mundo, começaremos a reivindicar prosperidade nessas áreas.

Nosso objetivo em usar afirmações não é eliminar todos os pensamentos e sentimentos negativos de nossa vida. Isso não é saudável e nem desejável. Não queremos nos transformar em robôs. Sentir raiva e tristeza às vezes é tão importante quanto sentir paz e felicidade.

O que as afirmações são e o que elas não são

Usar afirmações não significa ignorar os problemas. Isso é negação. É necessário identificar os problemas, mas precisamos autorizar as soluções. As afirmações não eliminarão os problemas de nossa vida, elas ajudarão a resolvê-los.

As afirmações não são um substituto para aceitar a realidade. Não são uma forma de controle. Elas precisam ser usadas com grandes doses de entrega, espiritualidade e desapego.

Geralmente, nos sentimos desajeitados e desconfortáveis quando iniciamos o processo de mudar as mensagens negativas para positivas. As coisas podem piorar temporariamente. Nossos antigos hábitos vêm à tona na nossa percepção consciente. Isso é bom. Está limpando nosso subconsciente, abrindo espaço para a nova mensagem.[11] Um cômodo sempre parece mais sujo quando começamos a limpá-lo. Primeiro, retiramos tudo o que não queremos dos cantos. Essa limpeza causa desordem, até que uma nova ordem possa ser criada.

É normal resistir a afirmações e pensamentos positivos. Se alimentamos ideias negativas por dez, vinte ou trinta anos, é natural que as positivas pareçam estranhas por um tempo. Dê a si mesmo de cinco a dez anos para usar afirmativas consistente e diligentemente. Não levará tanto assim para se manifestar em sua vida, mas se dê tempo, de qualquer maneira. Seja paciente. Não desista. Não deixe que quaisquer problemas ou obstáculos que apareçam venham a reforçar sua antiga maneira negativa de pensar.

Você provavelmente será testado quando transformar suas crenças negativas em positivas. Normalmente, quando modifico uma crença, uma grande onda se levanta em minha vida para tentar carregar a nova crença. É como se a vida estivesse me dizendo: "E aí? Em que você *realmente* acredita?" Deixe a tempestade rugir. Segure-se firmemente em suas novas afirmações. Deixe que sejam sua âncora. Quando a tempestade passar, você se verá em um lugar seguro com suas novas crenças.

Atitudes afirmativas

- Frequentar regularmente os grupos de apoio dos Doze Passos e aplicar esses Passos às nossas vidas é reafirmar o compromisso com a recuperação.
- Ler livros de meditação, concentrando-nos em pensamentos de elevação espiritual.

- Orar.
- Ouvir gravações. Nelas, somente o nosso subconsciente ouve as afirmações, desviando qualquer resistência consciente às mensagens positivas.
- Frequentar a igreja ou qualquer centro de práticas espirituais no qual nos sentimos acolhidos.
- Frequentar seminários, workshops e palestras.
- O conceito de agir "como se" é uma afirmação. Outra definição para esse conceito é "fingir" até conseguir fazer. Isso não significa o uso negativo da falsidade. Significa nos tratar como se já fôssemos a pessoa que desejamos ser.[12] Essa é uma maneira poderosa de criar espaço para uma nova realidade.
- Registrar os objetivos por escrito.
- Visualizar imagens mentais do que desejamos que aconteça; vemos a nós mesmos como desejamos ser.
- Conversar positivamente consigo mesmo é uma maneira básica de nos afirmarmos. Nós nos forçamos a pensar positivamente. Damos a nós mesmos novas regras, mensagens e crenças. Olhamo-nos olho no olho no espelho e falamos em voz alta com nós mesmos; e dizemos que nos amamos e que somos ótimos. Pode parecer meio esquisito no começo, mas absorveremos essas mensagens com tanta certeza quanto absorvemos todas as ideias negativas no passado. Olhar fotos antigas e falar positivamente com essas fotos é outra técnica que ajuda. Falamos positiva e carinhosamente com nós mesmos em todas as idades e épocas de nossa vida. Damos a nós mesmos tudo de bom que desejamos e de que necessitamos.
- As afirmações escritas também ajudam. Muitas pessoas gostam de colocar mensagens positivas no banheiro, no quarto, no local de trabalho ou em qualquer lugar em que desejam ter um foco positivo.

- Cercar-nos de amigos que acreditam em nós. O que as pessoas dizem, pensam e acreditam sobre nós pode ter um impacto significativo no que acreditamos.
- Acreditar, apoiar e dar força aos outros também nos ajudará. Quanto mais dermos, mais receberemos.
- Relaxar.
- O trabalho pode ser uma afirmação de quem somos, de nossa capacidade e de nosso talento criativo.
- Comemorar o sucesso e as realizações.
- Dar e receber elogios.
- Fazer exercício e ter uma alimentação sadia.
- A massagem terapêutica é uma forma de afirmação que cresce em popularidade. Desonrar nossos corpos, separarnos de nosso ser físico pode ter sido uma estratégia de proteção. Para sobrevivermos à dor física ou emocional, podemos ter reprimido nossas emoções, e podemos também ter anestesiado nossos corpos.[13] O suprimento de energia de determinadas partes do corpo pode estar bloqueado. A massagem terapêutica – carinhosa, não sexual – pode restaurar o fluxo de energia e proporcionar a cura desejada. Nosso corpo representa tanto o nosso "eu" quanto a mente, as emoções e o espírito.
- Literatura e filmes com temas positivos.
- Ser grato.
- Abraçar também ajuda.
- O amor é afirmativo. Afirmações são amor.

Quanto mais nossos sentidos se envolverem com o processo de afirmar, mais poderosas serão nossas afirmações. Falar, ver, ouvir, pensar e tocar positivamente são maneiras de fazer isso. Inundamos a nós mesmos com energia positiva. As frases afirmativas são mais do que pequenos pedaços de papel que prendemos ao espelho – embora esses pedaços de papel sejam importantes. Afirmar a nós mesmos significa desenvolver um estilo de vida autoafirmativo, em vez de autonegativo.

Afagando a nós mesmos

Desenvolvemos um modo de vida que adota e se mistura aos conceitos de autoafago e autodisciplina. Amamos a nós mesmos da forma que precisamos e merecemos ser amados; disciplinamos a nós mesmos da melhor maneira para nós. Nós nos tornamos nosso melhor amigo e nossos pais.[14]

Como nos afagamos? De todas as lacunas que possuímos, geralmente essa é a maior de todas. Se nunca vimos, tocamos ou sentimos, como poderemos saber o que é afagar? Afagar é uma atitude de aceitação e amor incondicional em relação a nós mesmos. Falo sobre amar a nós mesmos tanto, tanto, que esse sentimento bom penetra profundamente em nós e depois transborda sobre nossa vida e nossos relacionamentos. Estou falando sobre amar a nós mesmos, não importa o que aconteça ou aonde vamos.

De manhã e durante todo o dia, nos indagamos de forma amorosa e gentil o que podemos fazer para nos sentir bem. Indagamos a nós mesmos de que necessitamos para nos cuidarmos. Quando estamos magoados, nos indagamos o que pode ajudar a nos sentirmos melhor.[15] Damos a nós mesmos encorajamento e apoio. Dizemo-nos que podemos fazer isso, fazer isso bem, e as coisas funcionarão. Quando cometemos um erro, dizemos a nós mesmos que está tudo bem. Esperamos um momento, até conseguir nosso equilíbrio de volta, e depois nos perguntamos se há algo que podemos aprender com nosso erro, ou se há alguma maneira de melhorarmos nossa conduta no futuro, ou se há algum reparo que necessitamos fazer.

Dizemos a nós mesmos que nos amamos e nos aceitamos, que somos fantásticos e especiais e que sempre estaremos ali para nós. Nós nos fazemos sentir seguros e amados. Fazemos para nós todas essas coisas maravilhosas que desejamos que alguém mais nos tivesse feito.

Se não acreditarmos que merecemos amor, por que alguém mais iria acreditar? Se não acredito que mereço amor, não posso nem mesmo crer que meu Poder Superior me ame. Se não acredito que mereço amor, não permito que ninguém, nem Deus, me ame. Se amamos a nós mesmos, nos tornamos capazes de amar os outros.

Deixamos de criticar e repreender a nós mesmos com aspereza. Em vez disso, fazemos um esforço consciente para nos afagar e nos elogiar, porque isso desperta o melhor que há em nós.

– Eu me forcei a vida inteira – diz Arlene. – Se trabalho duro, digo a mim mesma para trabalhar mais duro ainda. Quando fico cansada, me forço mais ainda. Faço e digo para mim todas as críticas que minha mãe fez e disse para ela mesma e para mim também.

A preocupação de Arlene era que, se ela afagasse a si mesma, o trabalho não seria feito. Tinha medo de que, se cedesse às suas necessidades, enlouqueceria. Decidiu afagar a si mesma de qualquer maneira, e ficou surpresa.

– Era o meu dia de folga. Estava exausta, mas estava me forçando a arrumar a casa. Então, tomei a decisão de afagar a mim mesma. Perguntei-me o que ajudaria a me fazer sentir melhor e decidi que a resposta era tirar uma soneca. Dormi duas horas e, quando despertei, estava com uma disposição incrível. Terminei tudo e ainda tive tempo para sair à noite. Afagar a mim mesma não me deixou preguiçosa ou ineficiente. Energizou-me e me tornou mais eficiente.

Afagar é a forma de darmos força e energizarmos a nós mesmos. Quando amamos, aceitamos e afagamos a nós mesmos, podemos descansar o bastante para fazer o melhor que pudermos. O benefício que recebemos quando nos amamos, aceitamos e afagamos é que somos capazes de fazer o mesmo para os outros. Podemos ajudá-los a amar a si mesmos, e eles ficarão mais aptos a reagir a nós com amor e aceitação. Inicia-se uma grande reação em cadeia.

Amar e aceitar a nós mesmos incondicionalmente não significa negarmos a necessidade de mudar e de crescer. É como nos capacitamos a amar e a crescer.

"A crítica nos tranca exatamente no mesmo padrão que estamos tentando mudar", escreve Louise Hay. "Compreender e sermos gentis com nós mesmos nos ajuda a sair disso. Lembre-se: você tem criticado a si mesmo por anos e isso nunca funcionou. Agora, tente aprovar a si mesmo e ver o que acontece."[16]

Não existe um conjunto de instruções de como cuidarmos de nós mesmos. Entretanto, se nos perguntarmos o que ajudaria a nos sentirmos melhor ou de que necessitamos, preste atenção e ouvirá a resposta.

Desenvolvendo a autodisciplina

A disciplina é um processo individual. Ela significa que nem sempre falamos sobre os sentimentos. Às vezes, não é apropriado ou precisamos esperar. Disciplina significa superarmos os comportamentos de recuperação nos dias cinzentos, aqueles em que estamos incertos de que algo esteja acontecendo ou se estamos indo a algum lugar nessa jornada. Disciplina significa acreditarmos em nosso Poder Superior e Seu amor por nós, mesmo quando pode parecer que Ele não nos ama, ou quando não estamos sentindo isso. Disciplina significa compreendermos a causa e o efeito da natureza das coisas e escolhermos comportamentos que geram as consequências que desejamos. Disciplina é autocontrole, mas não o tipo de controle com que muitos de nós convivemos. É do tipo que ensinaríamos a nosso filho que amamos muito, porque sabemos que ele precisa fazer certas coisas para ter uma boa vida.

Quando nos tornaremos amorosos? Quando nos sentiremos seguros? Quando conseguiremos toda a proteção, o cuidado e o amor que tanto merecemos? Conseguiremos quando começarmos a proporcionar isso a nós mesmos.

Antes de começar a trabalhar com afirmações, meu primeiro pensamento de manhã era: "Oh, não! Mais um dia!" Dali para a frente era como ir ladeira abaixo, até a noite, quando caía na cama, fechava os olhos e pensava: "Graças a Deus terminou!"

Agora, quando abro os olhos de manhã, penso por um momento: "*Esse dia o Senhor fez. Eu me exultarei e me alegrarei nele.*"[17]

Um pouco mais tarde, faço as minhas preces matinais. Enquanto escovo os dentes e coloco a maquiagem, digo *em voz alta* que amo a mim, que estarei sempre cuidando de mim, que Deus me ama e está cuidando de mim, que sou boa no que desejo fazer, e que tudo de que necessito hoje me será concedido.[18]

Durante a pausa da manhã, leio um livro de meditação. No meu escritório existem vários cartões com mensagens afirmativas. Tenho um horário regular para atender a grupos de apoio. Pelo menos a cada dois dias, converso com uma pessoa em recuperação para dar e receber apoio, encorajamento e aceitação.

Ao longo do dia, reforço os pensamentos positivos. Quando me sinto envergonhada, digo a mim mesma que é certo ser quem sou. Quando sinto alguma emoção, digo a mim mesma que posso senti-la. Quando me preocupo com dinheiro, me concentro neste pensamento: "*Meu Deus deverá suprir todas as minhas necessidades, de acordo com Sua riqueza e glória.*"[19]

Eu me concentro num pensamento positivo quando me ocorre alguma ideia negativa, amedrontadora. Também me concentro num pensamento positivo durante aqueles estranhos momentos em que de outra forma estaria concentrada em mensagens negativas. Se sentir pânico ou desespero, preencho minha mente com pensamentos positivos. Prometo a mim mesma que estou segura.

Escrevo meus objetivos regularmente. Ponho no papel o que acredito merecer. Passo uma hora por semana ouvindo gravações de meditação e alguns minutos visualizando o bem que desejo que aconteça. Visualizo como seria e como me sentiria quando isso acontecesse. Faço massagens terapêuticas regularmente e me dedico às afirmações nesse tempo. Demonstro gratidão por quase tudo.

Essa é a minha rotina. Em tempos de tensão, intensifico os esforços. Se isso parecer exagero, não é, não. Exagero foi passar anos concentrada em mensagens negativas e destrutivas.

Para descobrir o que necessita trabalhar, passe um dia ou dois ouvindo seus pensamentos. Escute o que você fala. Ouça os problemas e as mensagens negativas que você autoriza em si mesmo e nos outros. Olhe-se no espelho e note o que pensa e diz. Quando se sentar para organizar as contas, ouça os seus pensamentos. Vá trabalhar e escute o que acha sobre seu trabalho, sua capacidade e sua perspectiva de carreira. Abrace aquela pessoa especial e ouça seus pensamentos. Perceba como reage a seus problemas. Ouça o que diz aos seus filhos e sobre eles. A que está dando poder? Está criando espaço para quê? Está alimentando o que deseja que cresça? Mude o que for necessário, e faça isso com vontade. Declare guerra total a seus padrões de pensamento destrutivos.

Muitos de nós passamos anos praticamente negando a nós mesmos. Agora estamos aprendendo a nos amar em uma vida toda nossa.

Exercício

1. Passe algum tempo registrando suas presentes afirmações, crenças e premissas. Ouça o que diz e pensa. Faça isso como se fosse um observador distante. O que acha e diz sobre si mesmo, suas habilidades, sua aparência, suas finanças e seus relacionamentos? Está enfatizando aquilo que mais deseja ver? Que problemas está afirmando?
2. Escreva um conjunto de afirmações personalizadas para si mesmo. Escreva afirmações amorosas, permitindo que se sinta bem quando as ler. Passe algum tempo a cada dia lendo-as em voz alta. Você pode querer mudá-las quando sua necessidade se modificar.
3. Dedique tempo, quando estiver se olhando no espelho, para dizer a si mesmo que você se ama, que é bonito e está bem no que faz. Diga que vai cuidar de si mesmo, e que seu Poder Superior também está cuidando de você.
4. Desenvolva uma rotina de cuidado próprio que inclua afago. Você pode separar algum tempo do dia para ler livros de meditação, uma hora regular para frequentar grupos de apoio, um momento para escrever objetivos regularmente, um tempo para relaxamento, um tempo com os amigos, e algum tempo para cuidar de si mesmo. Escolha dentre as opções listadas neste capítulo ou quaisquer outras que descobrir. Dê a si mesmo a liberdade de experimentar maneiras diferentes de fazer isso, até encontrar uma que funcione para você.

Parte IV

Relacionamentos

Aceitamos a impotência.
Já encontramos nosso Poder Superior.
Estamos aprendendo a assumir nosso poder.
Agora, podemos compartilhar o poder.

13
Melhorando nossos relacionamentos

> ...não é cinismo nem tolice dizer que o amor,
> como tudo na natureza, tem as suas estações.
> Até as coisas mais maravilhosas partem
> regularmente por algum tempo...
> e com igual certeza, retornam.
>
> – Dr. Martin Blinder[1]

É nos relacionamentos que melhor demonstramos nossa recuperação. Nesta seção, exploraremos algumas ideias para melhorar os relacionamentos. O foco será nos relacionamentos amorosos, mas as ideias se aplicam a todos os relacionamentos. Muitos deles podem também evoluir para relacionamentos amorosos.[2]

Na verdade, este livro inteiro explora ideias para melhorar os relacionamentos. Todo a nossa recuperação – lidar com a vergonha, fazer nosso trabalho histórico, acreditar que merecemos o melhor, quebrar regras, aprender a afirmar e a fortalecer a nós mesmos, aprender a acreditar que somos dignos de ser amados – afeta os nossos relacionamentos.

A recuperação exige mais do que aprender a terminar ou a evitar relacionamentos. Embora possamos desejar dar um tempo em certos relacionamentos, a recuperação não é feita à parte deles. Nem os relacionamentos são mantidos à parte da recuperação. Recuperar-se é aprender a fazer com que os relacionamentos funcionem.[3] Aprendemos a fazê-los funcionar participando deles.

Num workshop que dirigi, perguntei aos participantes quantos haviam tido relacionamentos fracassados. Todos levantaram as duas mãos, e uma mulher respondeu:

– Não sabia que você ia fazer piadas.

Muitos de nós tivemos relacionamentos fracassados e ainda hoje estamos lutando com esse tipo de problema.

– Kate e eu estamos casados há seis anos – conta Del. – Nós dois viemos de famílias um pouco desajustadas, e trabalhamos em nossa recuperação anos antes de nos casar. Temos trabalhado duro em nosso relacionamento. Por vezes, nos desligamos um pouco um do outro e trabalhamos em nós mesmos; em outras, estamos ocupados demais para trabalhar em qualquer coisa. Sabemos que realmente amamos um ao outro, mas às vezes isso é uma verdadeira luta. Nunca pensei que relacionamentos fossem tão difíceis.

Apesar de nossos problemas, muitos de nós ainda acreditamos em casamento, família e amor. Apesar de nossos fracassos, muitos de nós desejamos um relacionamento carinhoso, comprometido e completo. Podemos ter medo e ser cuidadosos, mas seja lá quais forem as circunstâncias, a maioria de nós deseja que nossos relacionamentos sejam os melhores possíveis. O propósito deste capítulo, desta seção, deste livro e da recuperação *é* melhorar nossos relacionamentos. O objetivo deste capítulo é mostrar que podemos.

Desde o começo dos tempos, as pessoas têm lutado para viver com – ou sem – alguém que amam. Alguns aspectos dos relacionamentos têm mudado no decorrer do tempo. Progredimos de uma época em que as pessoas tinham poucas opções para escolher um parceiro, conseguir um divórcio ou viver um certo estilo de vida, para uma época em que é possível ficarmos paralisados diante de tantas alternativas. As mulheres percorreram o caminho desde a dependência culturalmente imposta até o feminismo e uma liberação que inclui a possibilidade de escolher ou não valores tradicionais. Para muitas pessoas, os papéis no relacionamento se transformaram drasticamente.

– Não sei mais o que as mulheres desejam ou esperam – disse um homem.

– Não se sinta mal – respondi. – Nós também nem sempre sabemos direito.

As pessoas estão ávidas por informações sobre relacionamentos. Desejamos aprender mais e mais sobre como fazê-los funcionar, melhorá-los e evitar erros do passado. Desejamos compreender e desenvolver nossa intuição. Nos últimos anos, fomos bombardeados com livros e mais livros sobre relacionamentos. Temos cursos de enriquecimento de relacionamentos, aconselhamentos e seminários sobre intimidade. Trabalhar nos relacionamentos se tornou uma de nossas inúmeras opções.

– Eu costumava achar que as pessoas encontram alguém, apaixonam-se e se casam – diz Hank. – Depois da recuperação, me meti num "relacionamento" e vim a saber que era preciso "trabalhar" nele. Nem sabia o que isso significava! Até o termo "relacionamento" era novo para mim. Costumávamos chamar isso de "arranjar uma namorada" ou "se casar".

Cuidando dos relacionamentos

Descobrimos que certos comportamentos e atitudes beneficiam os relacionamentos e os ajudam a crescer. Um desapego saudável, a honestidade, o amor-próprio, o amor de um pelo outro, a flexibilidade, enfrentar problemas e negociar diferenças ajudam a alimentar os relacionamentos. Podemos melhorá-los com a aceitação, o perdão, o senso de humor, uma atitude fortalecedora mas realista, a comunicação aberta, o respeito, a tolerância, a paciência e a fé no Poder Superior.

- Respeitar nossos sentimentos e também os do outro.
- Pedir, em vez de dar ordem.
- Exercitar o desapego.
- Estar sempre presente no relacionamento.
- Estabelecer limites e respeitar os do outro.
- Cuidar de nós – assumir a responsabilidade por nós mesmos.
- Interessar-se pelos outros e por nós mesmos.
- Acreditar em nós mesmos e no outro.
- Sermos abertos e nos permitirmos ficar íntimos de alguém ajuda.
- Doar energia, atenção e tempo aos relacionamentos.
- Iniciar relacionamentos com pessoas que são capazes de participar deles.[4]

Por outro lado, certos comportamentos e atitudes prejudicam os relacionamentos. Baixa autoestima, assumir as responsabilidades dos outros, negligenciar a nós mesmos, não resolver os problemas e tentar controlar as outras pessoas ou os relacionamentos podem causar danos. Ser demasiadamente dependente, não discutir emoções e problemas, mentiras, abusos e vícios não resolvidos também podem ser prejudiciais. Certas atitudes – como parecer desanimado, ressentido, criticar incessantemente, ingenuidade, falta de confiança e sensibilidade, negatividade ou cinismo – podem arruinar relacionamentos.

- Ser egoísta demais ou não ser egoísta o bastante pode prejudicar relacionamentos.
- Tolerância demais ou de menos pode causar problemas nos relacionamentos.
- Expectativas altas ou baixas demais podem prejudicar relacionamentos.
- Buscar todos os nossos bons sentimentos, excitação ou motivação apenas no relacionamento podem prejudicá-lo.
- Não aprender com nossos erros pode nos levar a repeti-los.

- Ser duros demais com nós mesmos por nossos erros pode prejudicar relacionamentos.
- Esperar que a outra pessoa, nós ou nossos relacionamentos sejam perfeitos pode ser prejudicial.
- Não examinar suficientemente um relacionamento pode miná-lo; examiná-lo sob um microscópio também.

Os relacionamentos e o amor têm vida própria.[5] Assim como outros seres vivos, eles nascem e morrem, tendo alguma atividade entre esses momentos – um começo, um meio e um fim.[6] Uns duram algumas horas; outros duram a vida inteira. Assim como outros seres vivos, os relacionamentos são cíclicos, e não estáticos. Temos ciclos de paixão e de aborrecimento, de facilidade e de luta, de proximidade e de distância, de alegria e de dor, de crescimento e de repouso.[7]

Às vezes, quando os ciclos ou as fases do relacionamento mudam, os limites e as dimensões da relação também se transformam. Podemos aprender a ser flexíveis o bastante para atravessar e aceitar essas mudanças de estações.

Identificamos muitos tipos de relacionamento. Chamamos alguns de "saudáveis" e outros de "não saudáveis". A energia entre duas pessoas pode ser positiva ou negativa. Os relacionamentos podem resultar de nossas deficiências, de nossas forças ou de nossa solidão. Alguns são baseados na química. Outros combinam essas características e são formados por diversas razões – muitas das quais são desconhecidas na ocasião e se tornam claras somente em retrospecto. Geralmente, duas pessoas simplesmente acreditam que amam uma à outra, e o relacionamento parece se encaixar.[8] A relação satisfaz às necessidades de ambos naquele momento.[9]

Em seus livros e palestras, Earnie Larsen identifica três estágios no relacionamento: "dentro", "fora" ou "espere". Não pode existir relacionamento se um dos dois grita "estou fora", segundo Larsen.

Nenhum estado particular de estar "dentro" ou "fora" de um relacionamento indica recuperação. O que demonstra a recuperação é cada um de nós fazer suas próprias escolhas sobre o que deseja e precisa fazer e sobre o que é importante para si. Talvez nenhuma área da vida expresse nossa singularidade tanto quanto os relacionamentos – nossa história de relacionamentos, nossas circunstâncias atuais e nossos objetivos.

Quando Sheryl começou a se recuperar da codependência, divorciou-se do marido, a quem ela chama de "viciado praticante em sexo e álcool". Agora, dois anos e meio depois, ela namora apenas ocasionalmente.

– Não seria justo nem para mim nem para o eventual parceiro eu me envolver num relacionamento – diz Sheryl. – Ainda não estou pronta. Além disso, não conheço ninguém com quem queira me envolver. Desejo ter um bom relacionamento algum dia. Enquanto isso, estou trabalhando em mim mesma.

Há muitos anos, a mulher de Sam, Beth, começou a se tratar de dependência química, e ele entrou para o Al-Anon. Estão casados há 25 anos e pretendem continuar assim pelo resto da vida.

– Os comportamentos loucos cessaram – conta Sam. – As coisas ficaram melhores. Não temos um relacionamento fantástico, mas queremos manter a família unida. Nossos filhos nos agradecem por isso. Estou contente por fazermos isso. Não é um relacionamento perfeito, mas é maleável. É isso o que nós dois queremos. Se pudéssemos recomeçar nossas vidas, provavelmente escolheríamos outra pessoa. Mas escolhemos um ao outro, e vamos honrar nosso compromisso.

Depois de três anos no Al-Anon, Marianne se divorciou do marido, Jake, um alcoólico praticante.

– Temos três filhos – diz Marianne. – Tinha medo de ficar sozinha e me sentir culpada por pedir o divórcio. Não acredito em separações. Às vezes, fico triste por perder nossa família, sinto falta dos bons momentos que tivemos juntos. Mas não me arrependo de terminar com nosso convívio infeliz. Estava prejudicando às crianças e a mim.

Jan e Tom estão casados há 25 anos. Nos últimos dez anos, Jan frequentou o Al-Anon. Durante os últimos oito, Tom frequentou os Alcoólicos Anônimos.

– Há dias em que não dou muito por esse casamento – diz Jan. – Em outros, sei que ainda amo Tom tanto quanto no dia em que nos casamos. Às vezes, ficamos mais próximos um do outro, noutras ficamos mais distantes. Mudamos muito, mas em certos aspectos ainda permanecemos os mesmos. O que mudou foi isto: hoje estou com Tom por escolha minha, e não por achar que não tenho alternativa.

Ouvi muitas histórias sobre relacionamentos. Algumas pessoas em recuperação estão muito felizes em seus casamentos, outras estão infelizes, algumas, assim-assim e outras flutuam. Algumas são divorciadas, umas são solteiras e estão procurando alguém, outras são solteiras e estão evitando relacionamentos. Algumas pessoas estão namorando, outras estão vivendo juntas e comprometidas, algumas estão indo devagar na relação. Há pessoas que melhoraram seus relacionamentos depois que começaram a se recuperar; outras, não. Alguns casais estão trabalhando para salvar relacionamentos anteriores à época em que começaram sua recuperação.

Alguns relacionamentos duram a vida inteira; outros, não. Muitos de nós decidimos chamar os que não duram de "experiências de aprendizagem". A menos que nos recusemos a aprender com nossos erros, a maioria dos relacionamentos de agora é melhor que os de antes. Martin Blinder, que citei no começo deste capítulo, escreve:

> Muitos de nós, como parte do crescimento, nos apaixonamos várias vezes [...] Enquanto umas poucas pessoas se apaixonam aos 17 anos e continuam amando a mesma pessoa pelo resto da vida, a maioria de nós passa por uma série de relacionamentos curtos, repetidamente, deixando um amante em favor de outro que alcance nosso nível de amadurecimento sempre crescente. Cada novo parceiro geralmente combina características de nossos amantes anteriores e do nosso amor ideal, representando, na verdade, uma reciclagem do antigo amor enriquecido com nuanças do novo. Os conflitos familiares podem ressurgir, mas são resolvidos mais rapidamente e com menos dor. Ainda podem ser cometidos erros, as escolhas podem estar ainda abaixo do ideal, mas lucramos muito com as experiências passadas. Nessa longa jornada, nossos relacionamentos mais novos frequentemente são muito melhores do que os antigos.[10]

Apesar de nossas descobertas sobre relacionamentos, provavelmente sabemos tanto sobre controlar o curso do amor quanto sobre curar um resfriado comum. A receita antiga que muitos de nós ouvimos ainda inclui muita sabedoria. "Se tiver que ser, será.", "Se você realmente gosta, deixe rolar; se voltar para você, é seu." Ou: "Para encontrar a pessoa certa, seja a pessoa certa." Esses ditados não atingiram a pomposa condição de clichês sem passar pelas provas da verdade e do tempo.[11] Porém, a ideia de que nossos relacionamentos são tão saudáveis quanto nós ainda é o ponto central.[12]

Talvez o maior fracasso que podemos ter num relacionamento seja invalidar as relações passadas ou as circunstâncias presentes, transformando-nos em cínicos, pessimistas, amargurados ou envergonhados.[13] Nosso passado não é um erro. Nossas circunstâncias presentes não são um erro. Podemos ter feito escolhas que precisam de correções. Podemos querer tomar novas decisões à medida que crescemos. Podemos descobrir padrões que precisam ser modificados. No entanto, podemos aprender e lucrar com cada relacionamento que temos. Nossos relacionamentos são um reflexo de nosso crescimento, e geralmente contribuem para esse crescimento.

Embora alguns possam ser mais saudáveis do que outros, não existe ser humano ou relacionamento perfeito. Muito já foi escrito e ensinado sobre ideais, mas os relacionamentos não acontecem assim, nem as pessoas não se comportam de tal forma. O fato é que há certas pessoas com quem é mais fácil conviver do que com outras.

Em sua jornada de recuperação, você está onde precisa estar, e com quem precisa estar – hoje. Você esteve com as pessoas com quem precisava estar para chegar até aqui. Se não tem agora um relacionamento amoroso, tudo bem. Se achar que o relacionamento atual está acabado e que você deve se afastar, tudo bem. Se quiser permanecer, tudo bem. E tudo bem se quiser um novo relacionamento – mesmo se tiver tido um ou alguns que não funcionaram. Você merece outra chance – seja para entrar em um novo relacionamento, seja para melhorar o atual.[14]

Você pode encontrar um amor que dure, pode praticar seus comportamentos de recuperação com as pessoas hoje em sua vida e pode melhorar, às vezes tremendamente, a qualidade e a energia de seus relacionamentos. Talvez você já tenha começado a praticar novos comportamentos no relacionamento e já tenha sentido uma melhora. Você merece o melhor que o amor tem a oferecer. Porém, o processo de conseguir o melhor começa dentro de você.

Na verdade, como diz Earnie Larsen, "se nada mudar, nada muda". A única pessoa que você sempre pode transformar é você mesmo. Porém, às vezes, fazendo isso, você muda mais do que pode imaginar.

Vamos ver como você pode ajudar a transformar as experiências de aprendizagem em experiências carinhosas.

Exercícios

1. Escreva um histórico dos seus relacionamentos. Inclua pessoas significantes – amigos, parentes, namorados, esposos, etc. Quanto àqueles fora da família, como começou o relacionamento? Se terminou, como e por que chegou ao fim? Que necessidades cada relacionamento satisfez? O que você aprendeu ou ganhou com cada relacionamento?
2. Você guarda sentimentos negativos sobre relacionamentos passados? Deseja se libertar desses sentimentos? Consegue aceitar sua história de relacionamentos?

14
Superando as atrações fatais

> Não estou lhe dizendo que deva se conformar!...
> Estou lhe dizendo para buscar o ouro,
> não uma imitação barata.
>
> – Nita Tucker[1]

Em 1987, o filme *Atração fatal* levou multidões ao cinema. O título me chamou a atenção. Ele resumia meus quarenta anos de relacionamentos em duas palavras.

– Posso entrar num salão que tenha 500 homens, dos quais 499 sejam saudáveis e bem-sucedidos. Imediatamente, identifico o único sujeito desempregado do grupo e me sinto atraída por ele – diz Christy.

– Quando conheci meu ex-marido, um alcoólico e viciado em sexo, meu primeiro pensamento foi: *Esse cara parece problemático.* O segundo foi: *Estou louca para seduzi-lo!* – conta Jan.

– Há algo de atraente em uma mulher que poderia "me maltratar". Estou me recuperando há anos, e esse é o tipo de mulher que ainda me atrai – diz Don.

Muitos de nós temos convivido com esse fenômeno de ser atraídos instintiva e poderosamente por pessoas que não são boas para nós. Durante anos, equivocadamente chamei isso de "paixão" e "desejo de Deus". Neste capítulo, falaremos sobre deixarmos de lado nossas atrações – se não fatais, pelo menos desastrosas –, aprendendo a nos interessar por pessoas boas para nós. Preste atenção, eu não disse "chatas". Disse "boas para nós". Chato é viver cinco, dez, 15 ou mais anos com um alcoólico ou um viciado em sexo. Escreve Nita Tucker:

> Não estou dizendo que você deveria ter um relacionamento com alguém que não o atraia fisicamente. Estou dizendo que nem sempre se pode saber logo de início o quanto há de atração. [...] Talvez sua mãe lhe diga que suas expectativas são altas demais. Não estou dizendo isso. Estou dizendo que são inexatas. [...] Estou dizendo que há algo muito mais excitante, romântico, arrepiante e satisfatório do que a química. É quando você está com alguém há cinco, dez ou quarenta anos, e essa paixão se aprofunda cada vez mais.[2]

Este capítulo é sobre aprender a iniciar esse tipo de relacionamento, um que tenha a possibilidade de dar certo, de durar e de satisfazer nossos desejos. A recuperação é mais do que terminar relacionamentos. É sobre alguns bons começos. Muitas das ideias deste capítulo são baseadas no melhor livro que já li sobre o assunto: *Beyond Cinderella: How to Find and Marry the Man You Want* [Além da Cinderela: como encontrar e se casar com o homem que deseja], de Nita Tucker.

Esteja a postos

Primeiro, vamos legitimar o processo de iniciar relacionamentos. É bom desejar ter uma relação amorosa, e é bom procurar uma. Reconheça e aceite esse desejo. É normal, saudável e humano.

Em seguida, considere que tipo de relacionamento você deseja. Algum tipo em especial? Um relacionamento duradouro, gratificante, carinhoso, amoroso? Um relacionamento temporário? Como o que você teve antes?

Depois de esclarecer o tipo de relacionamento que *deseja*, examine o tipo de que *necessita*. As duas coisas podem ser diferentes.[3] Você pode querer um relacionamento amoroso e saudável, mas se não fez seu dever de casa (trabalho sobre a família de origem) e mudou suas mensagens, pode "precisar" de (ou acabar se envolvendo com) um relacionamento que seja abusivo, repleto de carências ou similar aos anteriores.

Nossas necessidades implícitas estarão ligadas a nossos problemas pendentes e ao que acreditamos merecer. As pessoas que encontraremos vão comprovar o que acreditamos sobre homens e mulheres e o que *sempre acontece* em relacionamentos. Se temos alguma raiva não resolvida, nossos relacionamentos vão justificá-la da mesma forma.

Podemos nos libertar ou começar a trabalhar no sentido de nos livrar das necessidades destrutivas ou dos ressentimentos passados. Mudamos o que acreditamos, para poder mudar o que vemos.

O próximo conceito a considerar é a ideia de "meu tipo ideal".[4] Durante muitos anos, tive meus conceitos de "meu tipo de homem". Quando procurava um relacionamento, buscava homens que me atraíam. Eu sabia qual era o "meu tipo". Ele ficava parado de uma determinada forma, caminhava de uma certa maneira, falava de certo jeito, tinha um determinado brilho no olhar e um misterioso passado que provocava aquele olhar. Por "atraída", refiro-me àquela química explosiva que sentia antes mesmo de conhecer a pessoa. Nem pensava em me envolver com homens que não fizessem o "meu tipo". Por outro lado, começava um relacionamento unicamente por força daquela atração inicial.

Nunca, nem mesmo uma vez, consegui manter um relacionamento bem-sucedido com "meu tipo" de homem. Eu poderia apostar – e ganhar sempre – que qualquer homem por quem sentisse uma poderosa atração inicial teria um sério defeito que nos impossibilitaria de ter uma relação saudável. Do outro lado dessa moeda estavam os inúmeros homens que eu nem notava. Se os visse, não me daria ao trabalho de conhecê-los ou namorá-los. Talvez penteassem o cabelo de certa forma, ou usassem calças de poliéster, ou tivessem barba.

Estou com 40 anos e, finalmente, aprendi uma lição: é muito mais fácil fazer com que um homem compre calças em outra loja ou raspe a barba do que conseguir que ele pare de beber. Meu tipo não era realmente o "meu tipo". Era a minha "droga" favorita.

– Com quem você está saindo agora? – perguntei a uma amiga em recuperação.

– Ah, sabe – disse ela –, ele tem nome e rosto diferentes, mas essencialmente é o mesmo homem com quem tenho saído a vida inteira.

Muitos de nós permitimos que esse fenômeno de atração fatal controle nossos relacionamentos; ignoramos pessoas com quem realmente poderíamos manter uma boa relação. É possível ampliar as ideias sobre nosso tipo. A química é importante num relacionamento, mas outros fatores também são. Aquela atração inicial não é amor, não o garante e geralmente o impede. Podemos ser atraídos e desenvolver uma química melhor com pessoas que não são o tipo com que estamos acostumados – mas que são nosso tipo de verdade. A atração poderá não ser tão potente de início, mas se tornará poderosa e durará muito mais.

Num curso ministrado por Nita Tucker, intitulado "Ligando-se", ela propõe aos participantes a seguinte tarefa: entrevistar casais felizes em seus relacionamentos. "Uma das instruções é perguntar a cada casal como se conheceram", escreve Tucker. "Oitenta por cento dos entrevistados até agora (o que representa mais de mil pessoas) disseram que não sentiram uma atração imediata um pelo outro quando se viram pela primeira vez."[5]

Pode ser um pouco estranho iniciar um relacionamento sem ter sido inflamado por aquela química inicial.[6] Tudo bem. Depois, será melhor. Você poderá descobrir que se sente mais confortável com pessoas que não são seu tipo.

Disse uma mulher:

– Eu me senti atraída por um homem. Precisei de oito encontros e muitas conversas com meu conselheiro para ver que, embora fosse atraída por ele, não gostava de sua companhia. Não me sentia confortável quando estávamos juntos. Havia sérios problemas desde o começo. Tudo que tínhamos em comum era a atração.

Isso nos leva à nossa próxima consideração: *o fator disponibilidade*.[7] Existem vários *fatos* que levam uma pessoa não disponível a participar de um relacionamento íntimo e amoroso. Ela pode estar no momento casada ou envolvida em outra relação. Pode estar divorciada há pouco tempo, ou ter saído de outro relacionamento tão recentemente que ainda não esteja disponível. A pessoa pode não desejar se envolver num relacionamento saudável e amoroso, ou talvez não queira se envolver com *você*.

Dependência química, vício em sexo ou outros problemas não resolvidos tornam uma pessoa indisponível para relacionamentos. Alcoólicos praticantes, viciados em sexo e jogadores compulsivos não estão disponíveis para relacionamentos saudáveis e amorosos. Repita comigo: alcoólicos praticantes, viciados em sexo e jogadores compulsivos não estão disponíveis para relacionamentos saudáveis e amorosos. As pessoas que deveriam estar em recuperação, mas não estão, não estão disponíveis para participar de relacionamentos.

Outros fatores que podem indicar indisponibilidade são:

- estar tão presa a um passado familiar que a pessoa não tenha os recursos materiais ou emocionais para manter um relacionamento;
- ser um workaholic ou alguém tão ocupado que não tenha tempo para se dedicar a um relacionamento;
- viver em outra cidade ou estado, tornando a pessoa indisponível para satisfazer as necessidades do relacionamento.

Tentar iniciar um relacionamento com alguém que não esteja disponível pode desencadear em nós as loucuras da codependência. O fator da indisponibilidade não é para ser tomado de forma pessoal. Não precisamos usar isso para provar crenças negativas sobre homens, mulheres ou relacionamentos. A disponibilidade da pessoa é um fato, e fatos precisam ser aceitos e levados em conta. Muitos de nós passamos grande parte da vida batendo com a cabeça contra a parede e lamentando porque estávamos tentando fazer funcionar um relacionamento com alguém que não estava disponível para isso desde o dia em que a relação começou. Muitos de nós passamos a vida atraídos pelo nosso tipo, quando o fator que nos levou a isso foi exatamente sua indisponibilidade.

Podemos aprender a selecionar a partir da disponibilidade. Geralmente, isso pode ser determinado nos primeiros minutos, mas às vezes leva mais tempo. "Oi! Você está no programa?" "Onde trabalha?" "É casado?" "Há quanto tempo está divorciado?"

Já que o assunto é disponibilidade, muitos de nós devemos considerar a nossa própria. Você ainda está preso a um relacionamento passado? Está recuperado o suficiente para estar disponível? Tem tempo e energia para se dedicar a uma relação? Está emocionalmente disponível? Se tem um relacionamento permanente com alguém com quem não deseja ter, você não está disponível.

As pessoas com quem saímos e nos relacionamos são uma indicação de nossa disponibilidade.[8] Nossos preconceitos sobre pessoas e relacionamentos também a indicam. Se você namora ou mantém relações somente com pessoas indisponíveis, e se tem crenças negativas sobre pessoas e relacionamentos, você pode não estar disponível até que mude.

Nesse ponto, as afirmações podem nos ajudar. Podemos mudar o que acreditamos sobre o tipo de pessoas que atraímos e por quem somos atraídos. As novas afirmações podem ser:

- Sinto atração por pessoas saudáveis, carinhosas e disponíveis, e elas se sentem atraídas por mim;
- Sinto atração por pessoas boas para mim.

Se falamos sobre escassez, podemos mudar de "Não há muitos homens bons (ou mulheres boas) por aí" para: "Existem muitos homens bons (ou mulheres boas) por aí. Tenho encontrado e conhecido pessoas saudáveis e amáveis." Podemos mudar qualquer crença negativa sobre homens, mulheres ou relacionamentos.

"Um príncipe (ou princesa) é um homem (ou mulher) com quem você pode ter um relacionamento gratificante e duradouro", escreve Nita Tucker. "Um sapo é uma pessoa com quem, por uma razão ou por outra, você não pode ter um relacionamento duradouro e gratificante."[9] Muitos de nós passamos a vida inteira beijando sapos e esperando que se transformem em príncipes, ou, como disse uma mulher, "beijando príncipes e vendo-os se deteriorarem em sapos". Alguns sapos são melhores do que outros, mas um sapo é um sapo.[10] Podemos sempre sentir um arrepio quando vemos um deles, mas não temos que segui-los até o brejo.

O que deseja que aconteça em seus relacionamentos? O que necessita que aconteça? O que acredita merecer? Você pode começar a abrir espaço para o que é bom, afirmando-o, e assumindo responsabilidade pelo seu comportamento no processo inicial do relacionamento. Atração fatal não é amor. Não é um desejo de Deus, então pare de culpá-Lo. Não é necessariamente o nosso destino. Tampouco precisam ser fatais.

Apronte-se

Se já fizemos nosso dever de casa, estamos prontos para pôr a teoria em prática. Podemos começar encontrando novas pessoas e selecionando aquelas que gostaríamos de conhecer melhor. Existem três palavras-chave nessa última frase: *conhecer, pessoas* e *selecionar.*

Não vamos sair para caçar e encher a sacola antes que a estação de caça termine. Não vamos sair para ser sugados pela "química". Vamos sair para conhecer pessoas e para aprender a nos comunicar com elas de uma forma melhor.[11]

Como se conhecem pessoas? Socializando-se. Indo a lugares aonde as pessoas vão. Os grupos de terapia e as reuniões dos Doze Passos não são bons lugares para conhecermos pessoas para namorar. A finalidade principal desses grupos é a recuperação. Podemos sabotar uma parte importante de nosso sistema de apoio fazendo ali o jogo do namoro. Lugares bons para conhecer pessoas são: igrejas, eventos esportivos (como participante ou espectador), festas, aulas, saídas para compras (de roupas, comida ou "brinquedos"), eventos culturais, de caridade ou beneficentes, atividades voluntárias, atividades políticas, marinas, bailes, restaurantes, casas noturnas decentes, jardim zoológico, jardim botânico, feiras comerciais ou de empresas, clubes de solteiros e de namoro de qualidade.[12]

Se estamos seriamente dispostos a conhecer pessoas, precisamos nos socializar regularmente. Precisamos nos sentir e nos apresentar da melhor forma possível. Isso significa um esforço extra em nossa aparência, que também inclui cuidar de si, ser gentil consigo mesmo e cuidar de sua autoestima.

As pessoas mais atraentes são aquelas que amam a si mesmas e vivem suas próprias vidas.

Depois, aprendemos a sorrir e a dizer: "Oi!"[13] Senão, as pessoas não saberão que desejamos conhecê-las. Podemos ter que rechaçar os chatos e os indisponíveis, mas essa é a melhor das alternativas. Além disso, será um bom treinamento. Teremos muitas oportunidades de dizer não – e algumas oportunidades para dizer sim. O conceito de disponibilidade, de ser simpático e amigável pode ser óbvio, mas é quase sempre negligenciado.

– Tentei conhecer pessoas durante meses – diz uma mulher. – Ia a eventos e ficava parada no canto como uma estátua. Um dia, me veio uma luz. Estava em uma reunião quando vi um homem que achei que gostaria de conhecer. Imaginei se ele havia me notado e se ele conversaria comigo. Desejava que sim, mas estava com medo de que não. Isso era tudo que me passava pela cabeça cada vez que via alguém por quem me interessava. Então, algo me ocorreu. Por que não ir até ele, sorrir e dizer: "Oi!"? Eu não tinha que ser agressiva. Apenas precisava ser amigável. Não iria "agarrá-lo"; queria apenas conhecê-lo. Fiz isso. O relacionamento não foi muito longe. Depois de conversarmos rapidamente, decidi que ele não servia para mim. Mas aprendi uma lição. Se desejo conhecer alguém, provavelmente posso fazer isso sorrindo e dizendo: "Oi!"

Quanto mais intensamente vivermos nossa vida, mais pessoas conheceremos. Quanto mais pessoas conhecermos, maior será a nossa chance de encontrar alguém que esteja disponível e seja realmente nosso tipo. Podemos ser seletivos, mas podemos selecionar com um critério mais exato. Pare de eliminar as pessoas que podem não ser o tipo com que está acostumado; pare de selecionar pessoas automaticamente só porque se sente fisicamente atraído por elas. Tucker diz que devemos sair com uma pessoa três vezes antes de nos decidirmos sobre ela.[14] Observe se já não encontrou alguém que deseja conhecer melhor.

Não temos que abandonar a razão em favor da emoção. Alguém pode "parecer" certo para nós, mas, se ele ou ela não estiver disponível, não é a pessoa certa. Por outro lado, não temos que abandonar a emoção em favor da razão. Podemos achar que alguém é certo para nós, mas se não nos despertar nenhum sentimento *depois que a conhecermos*, essa não é a pessoa certa para nós – mesmo se for saudável e estiver disponível.

Deixe acontecer

Agora que está de pé e pronto para conhecer o amor de sua vida, respire fundo e... deixe acontecer.

– Estou buscando uma relação amorosa – diz uma mulher. – Estou completamente louca, totalmente fora de controle e, se não conseguir arranjar algo depressa, vou voltar para a terapia.

Assegurei-lhe que o processo de iniciar relacionamentos tende a fazer emergir o monstro em muitos de nós. Contudo, há medidas que podemos tomar para nos tornar mais ou menos disponíveis para um bom relacionamento. Algo que a maioria de nós precisa fazer é se entregar.

Se estamos infelizes sem um amor, provavelmente também estaremos infelizes com um. Um relacionamento não começa ou transforma nossa vida. Ele é a continuação da vida. Embora um relacionamento especial possa nos satisfazer de forma única, ele não atende a todas as nossas necessidades, nem nos "torna felizes". Se não conseguimos alcançar a felicidade hoje, provavelmente não a encontraremos amanhã. A *aceitação* é o estado de júbilo a partir do qual tudo pode mudar para melhor.

Existe uma diferença entre aceitar o fato de que desejamos um relacionamento e ficarmos desesperados para arranjar um. As pessoas famintas compram mal. As pessoas desesperadas assustam os outros. Elas atraem pessoas que podem não ser boas para elas. Nunca fazem as melhores escolhas.

– E se eu estiver desesperada? – pergunta uma mulher. – Estou louca por um relacionamento amoroso. Estou procurando isso há tanto tempo que estou ficando desesperada. O que posso fazer?

Responderei a essa pergunta com o caso de outra mulher:

– Cada vez que termino um relacionamento, entro em pânico – diz Karen. – Tenho medo de nunca mais encontrar alguém, de nunca mais amar alguém. A verdade é que tenho 36 anos e, desde os 15, o maior período que passei sem um relacionamento foi de seis meses.

O desespero é como o pânico. Quando sentirmos um ou outro, precisamos lidar com isso separadamente.[15] O desespero pode estar ligado ao medo e à nossa necessidade de controlar. O desespero pode indicar problemas de dependência não resolvidos ou escondidos. Geralmente, por trás do desespero, existem certas crenças negativas: sobre a escassez, sobre o futuro, sobre o que merecemos e sobre se jamais conseguiremos isso. Se nos envolvermos num relacionamento porque estamos desesperados, ele poderá se transformar em algo que prove as nossas crenças negativas. Mude suas crenças. Aplique doses maciças de amor-próprio, carinho e cuidado próprio. Encontre outras maneiras de satisfazer as suas necessidades. Aja como se não estivesse desesperado, até realmente não ficar.

Não assuma a rejeição como algo pessoal. Não desista, não fique desanimado, pessimista ou cínico. A chave para se determinar o que realmente acredita merecer é como reage quando um relacionamento termina logo no começo. O que isso prova? Que nada de bom jamais acontecerá com você? Que você não merece o amor? Que nunca encontrará o amor? Você pode ficar magoado ou decepcionado, mas precisa ver o que a vida está provando a você. Se um relacionamento não der certo ou se você for rejeitado, tudo o que isso realmente prova é que você ainda não encontrou o amor da sua vida.

Seja gentil consigo mesmo. Às vezes, a única maneira de se entregar é experimentar e trabalhar contra o desespero. Você cometerá erros. Às vezes, pode ficar um pouco indeciso. Porém, não importa sua idade ou seu passado, você pode encontrar um amor, se é isso que quer. Se estiver disposto a esperar e a procurar, você será capaz de encontrar o amor que deseja.

A verdadeira intimidade leva tempo

Um aviso: não vá para a cama com alguém depressa demais. Ir para a cama rápido demais, sobretudo no primeiro encontro – o que é sempre muito cedo – acaba com o relacionamento. Além das preocupações morais e com a saúde, que são altamente importantes (Aids, herpes etc.), existe outra razão para não fazer isso: o sexo é uma poderosa forma de intimidade. Se fazemos sexo com alguém antes de ter uma ligação emocional, mental e espiritual, esse desequilíbrio provavelmente será maior do que pelo menos um dos dois consiga lidar. Excetuando-se os encontros sexuais casuais (que não são o tema deste capítulo), não importa o que se diga, costumamos esperar algo mais do que sexo. *Isso é normal.* No entanto, é sua a responsabilidade de esperar até se assegurar que essas expectativas serão satisfeitas.[16]

Podemos suportar o desconforto de nos sentir sexualmente atraídos por alguém sem lidar com os sentimentos. Ir para a cama com alguém não prova se queremos ter um relacionamento com aquela pessoa. A intimidade que estamos buscando não é imediata. Aproxime-se primeiro de outras maneiras para se certificar de que deseja estar próximo daquela pessoa. Deixe a química emergir naturalmente. Dê a si mesmo tempo para desenvolver um vínculo mental, emocional e espiritual antes da intimidade sexual.

Nunca deixe de cuidar de si mesmo

Costumamos dizer:

– Desejo ter um bom relacionamento. Até lá, continuarei fazendo meu próprio trabalho e cuidando de mim mesmo.

Por que "até lá"? O cuidado próprio é um compromisso e uma responsabilidade para a vida inteira. Ele não termina quando se inicia um relacionamento. É justamente a partir daí que precisamos intensificar nossos esforços.

– Não consigo perceber se uma pessoa não é saudável (viciada, indisponível, desajustada) até que seja tarde demais – reclamam muitas pessoas.

– Tarde demais para quê? – pergunto.

Uma das características de muitos relacionamentos fracassados é que ele parece bom... até que estejamos "dentro" dele. Parece que as necessidades serão satisfeitas. Parece que a outra pessoa é saudável e se importa conosco. Baixamos a guarda, ficamos vulneráveis, nos envolvemos emocionalmente e a situação imediatamente muda. O sistema passa a ser destrutivo ou maluco e ficamos ali sem saber o que fazer.[17] Não temos que abrir mão de nossa capacidade de cuidar de nós mesmos porque estamos envolvidos emocionalmente.

Conta uma mulher:

– Conheci um rapaz e tudo foi maravilhoso durante aproximadamente dois meses. Depois, as coisas mudaram. Ele deixou de ir às reuniões de apoio e começou a beber. A situação ficou horrível durante o ano seguinte inteiro. Continuei a esperar que tudo voltasse a ser como antes. Finalmente, vi que era assim que ia continuar. Eu estava esperando algo que não iria acontecer.

É possível entrar em relacionamentos devagarzinho. Assim, podemos sair dele caso se torne insano. Nunca é tarde ou cedo demais para tomarmos conta de nós mesmos.

– E quanto a essa história de que sempre encontramos um relacionamento no instante em que deixamos de nos preocupar com isso? – perguntou-me um homem certa vez. – Venho "deixando rolar" há um bom tempo, e até agora não aconteceu nada.

Não vou apenas lembrar o conselho de *Deixe rolar e permita que Deus aja*. Vou sugerir seriamente que façamos isso *e* que precisamos também verificar se estamos cuidando de nossa parte:

- fazer nosso trabalho de família de origem;
- modificar nossas mensagens;
- afirmar que merecemos e conseguiremos o melhor;
- tomar providências de fato para conhecer pessoas.

Além de fazer nossa parte, precisamos deixar o restante acontecer, a seu próprio tempo. Devemos combinar nossas ações com a entrega e a paciência. Apesar de nossos melhores esforços, os relacionamentos geralmente acontecem quando e onde menos esperamos.

Louise Hay escreve:

> O amor chega quando menos esperamos e quando não estamos procurando por ele. A caça ao amor nunca nos traz o parceiro certo. Somente cria ansiedade e infelicidade. O amor nunca está fora de nós mesmos; ele está dentro de nós.
>
> Não insista para que o amor aconteça imediatamente. Talvez você não esteja pronto para isso, ou não esteja amadurecido o bastante para atrair o amor que deseja.
>
> Não se conforme com qualquer um apenas para ter alguém. Estabeleça seus padrões. Que tipo de amor você quer atrair? Liste as qualidades que realmente deseja no relacionamento. Desenvolva essas qualidades em si mesmo, e você atrairá a pessoa que as tem.

> Examine o que possa estar mantendo o amor distante. Poderia ser seu senso crítico? Sentimentos de inutilidade? Padrões irracionais? Imagens de artistas de cinema? Medo da intimidade? Uma crença de que você não merece o amor?
>
> Esteja pronto para o amor quando ele chegar. Prepare o terreno e esteja preparado para nutrir o amor. Seja carinhoso, e você será adorável. Esteja aberto e receptivo ao amor.[18]

Está procurando um relacionamento? Desfrute o processo. Faça sua parte, depois *Deixe rolar e permita que Deus aja.* Divirta-se um pouco. Conheça novas pessoas, mas não deixe de cuidar de si mesmo. Aprenda com seus sucessos e fracassos. Seja flexível. Você pode saber menos sobre o seu tipo do que imagina. Pode ter algumas surpresas agradáveis. Converse com pessoas em quem confia sobre o que está fazendo, assim iniciará relacionamentos sem deixar de lado seu sistema de apoio.

Existem homens e mulheres saudáveis por aí. Existe algo que se chama bom relacionamento. Você pode aprender a iniciar uma relação que funcione. Pode aprender a atrair e a desfrutar o amor que seja bom para você. Afirme a si mesmo e a seus desejos. Afirme que você merece o melhor e que isso acontecerá, porque aquilo em que acreditamos acontece.

Exercícios

1. Descreva seu tipo de homem ou de mulher. Seja o mais específico possível. A indisponibilidade é uma característica do seu tipo? Você já foi capaz de ter um relacionamento bem-sucedido com seu tipo?
2. Se está buscando um relacionamento, onde está procurando? A que lugares vai regularmente para conhecer novas pessoas? Que lugares novos poderia frequentar para isso?

3. Você está disponível para um relacionamento? Você tem um histórico de sair e tentar se relacionar com pessoas não disponíveis? Quais são seus preconceitos e crenças sobre homens, mulheres e relacionamentos? O que seus parceiros sempre fazem e sempre fizeram com você? O que acredita que sempre acontece nos relacionamentos? O que acredita merecer de um relacionamento?
4. Escreva alguns objetivos e comece a afirmar o que quer que aconteça em sua vida amorosa.
5. Encontre alguns amigos positivos, desejosos de apoiar você enquanto procura um relacionamento. Diga abertamente a eles o que está fazendo, pensando e sentindo.

15
Limites

> Tenho 40 anos e finalmente descobri
> o que não quero. Agora, só me
> falta descobrir o que quero.
>
> – Anônimo

Eu estava no Panamá fazendo uma reportagem quando vi um aviso na parede da sala de leitura da base aérea americana. Era uma declaração quanto à política externa americana sobre a expansão soviética na América Latina, mas também dizia respeito à minha nova política: "Não há território para ceder."

Também não desejo mais *ceder* minha autoestima, meu autorrespeito, o bem-estar de meus filhos, meu emprego, meu lar, minhas posses, segurança, reputação, sanidade, ou *a mim mesma* para preservar um relacionamento. Estou aprendendo a *escolher* o que dar, apropriadamente e com autoestima. Estou aprendendo que ocasionalmente posso *abrir mão* de algo durante conflitos ou uma negociação. Só que não quero mais entregar o que tenho sem pensar, em nome do amor, do relacionamento ou das aparências.

Por muitos anos, eu entrava nos relacionamentos com uma atitude de tudo ou nada. O que geralmente acontecia é que perdia tudo e terminava com nada. Eu achava que a disposição de perder e de dar tudo era imperativa no amor. O único lugar onde isso funciona é no cinema, e assim mesmo não muito bem.

Eis a situação: o homem está fugindo com um revólver do qual ainda sai fumaça, e os policiais de 15 delegacias estão no seu encalço. Ele está com raiva, amargurado, espreitando pela janela de um apartamento sombrio. Sua namorada o abraça e diz:

– Ficarei ao seu lado para o que der e vier, meu bem.

O que der e vier, como? Algumas cenas depois, o homem está no corredor da morte, esperando sua vez na cadeira elétrica, ou está estirado morto na rua. Acabou-se! Ela fica sozinha, chorando, e o filme termina. Essa é a história *dele*. Quando acabar de derramar lágrimas por ele, ela realmente vai ter algo por que chorar. Além de perder seu companheiro, ela perdeu o emprego, o apartamento e toda a mobília. E o prestígio. Seus amigos e sua família estão irados com ela. Depois de toda a publicidade ruim, ela perderá também a reputação.

A moral dessa história e deste capítulo são os Limites. Não precisamos perder tudo por amor. Na verdade, estabelecer e seguir limites saudáveis e razoáveis em todos os relacionamentos é um pré-requisito indispensável para o amor e para o bom funcionamento das relações. Podemos aprender a fazer escolhas apropriadas sobre o que desejamos *dar* em nossos relacionamentos – de nós mesmos, de tempo, talento e dinheiro. Podemos aprender a decidir abrir mão de certas coisas quando negociamos conflitos e trabalhamos em nossos relacionamentos.

Estabelecer limites não complica a vida; torna-a mais simples. Precisamos saber até onde iremos e até onde permitiremos que outros sigam conosco. Uma vez que compreendamos isso, podemos ir a qualquer parte.

O que são limites?

Pedi a uma amiga em recuperação que me falasse sobre limites, com suas próprias palavras.

– Como se pode dizer a alguém, sem usar jargões, que tem permitido que as pessoas pisem em você a vida inteira? – respondeu ela.

O dicionário define *limite* como "qualquer linha ou demarcação de uma extensão ou uma fronteira"[1].

Na recuperação, usamos a expressão *problemas de limites* para descrever uma das principais características da codependência. Com isso, queremos dizer que uma pessoa tem dificuldade em definir onde ela termina e onde começa a outra pessoa. Não temos uma ideia muito clara de nós mesmos. Por exemplo: podemos achar difícil definir a diferença entre nossos sentimentos e os de outra pessoa, entre nossos problemas e os de outra pessoa, entre nossa responsabilidade e a de outra pessoa. Normalmente, o problema não é que assumimos a responsabilidade de alguém; é que nos sentimos responsáveis por alguém. Nossa capacidade de definir a nós mesmos e de nos diferenciar apropriadamente dos outros fica confusa. Nossas fronteiras não estão bem-definidas. As pessoas com fronteiras fracas parecem "captar" ou "absorver" os sentimentos dos outros – quase como uma esponja absorve a água.[2]

Conta-nos Kate:

– Fui visitar minha família. Minha irmã não anda nada bem. Ela não está trabalhando para se recuperar da codependência, mas deveria. Ela está permitindo que abusem dela e anda às voltas com vários sentimentos intensos e mal resolvidos. Passei uma hora com ela e comecei a sentir todas aquelas coisas malucas. Levei um dia para me acalmar e recobrar meu equilíbrio. Primeiro, não conseguia entender o que estava acontecendo. Agora, descobri. Captei as emoções dela. Aquelas não eram minhas emoções; eram dela.

A palavra *limite* também é usada nos círculos de recuperação para descrever uma ação, como em "estabelecer limites". Com isso, queremos dizer que estabelecemos um limite com alguém. Geralmente, isso significa que decidimos comunicar a alguém que ele ou ela não pode nos usar, magoar, ou tomar o que temos, sejam essas posses concretas ou abstratas. Decidimos lhes dizer que não podem abusar de nós, invadir-nos ou nos prejudicar de forma alguma.

Em geografia, os limites são as fronteiras que cercam um estado, um país ou as terras de uma pessoa. Na recuperação, referem-se às linhas que indicam e estabelecem nosso território pessoal – nosso próprio *eu*. Diferentemente de estados nos mapas, não temos linhas negras e grossas delineando nossos limites. Entretanto, cada um de nós possui seu próprio território. Nossos limites definem e contêm esse território; nosso corpo, nossa mente, nossas emoções, nosso espírito, nossas posses e nossos direitos. Nossos limites definem e cercam toda a nossa energia, o ser individual que chamamos de "eu". Nossos limites são invisíveis, mas reais. Há um lugar onde eu termino e você começa. Nosso objetivo é aprender a identificar e respeitar essa linha.

O que aconteceu com meus limites?

"Ninguém nasce com limites", diz Rokelle Lerner, terapeuta e autora de livros sobre problemas de adultos-crianças. "Os limites nos são ensinados por nossos pais. [...] Alguns de nós não têm senso de limites, outros constroem paredes em vez de limites e existem ainda aqueles que têm limites com certas aberturas."[3]

Algumas pessoas são felizardas por chegarem à idade adulta sabendo quem são e quais são e deixam de ser os seus direitos. Elas não ultrapassam o território de outra pessoa e não permitem que outros invadam o seu. Têm limites saudáveis e uma sólida concepção de si mesmas.

Infelizmente, muitos de nós chegamos à idade adulta com limites danificados, remendados ou não existentes. Ou podemos ter construído à nossa volta um casco como o de uma tartaruga, tão grosso que as pessoas não conseguem nem chegar perto.

Muitos fatores contribuem para isso, como quando limites saudáveis não são demonstrados ou ensinados às crianças, quando os limites e os direitos delas são invadidos ou violados e quando os filhos são forçados a desempenhar papéis impróprios.[4] Doenças como o vício das drogas ou outros distúrbios compulsivos deturpam completamente os limites.

As crianças podem ter limites fracos ou não existentes quando são emocional ou fisicamente negligenciadas. Seus limites também podem ser fracos se não forem bem-cuidadas ou criadas com limite e disciplina apropriados. Nessas circunstâncias, elas podem não desenvolver o seu *eu*, a sua identidade e uma saudável autoestima. É difícil para um "ser" formar-se num vácuo.

Abuso, humilhação e vergonha prejudicam os limites. Deixam lacunas na área em que a violação ocorreu.[5] Se quando crianças fomos abusados emocional, física ou sexualmente, podemos crescer sem limites saudáveis em volta dessa parte de nosso território. Quando adultos, seremos vulneráveis a invasões nessa área, até que reparemos e fortaleçamos nossa fronteira.

Comportamentos impróprios entre membros da família e entre a nossa família e outras podem prejudicar a formação de limites.[6] Podemos não aprender a identificar ou respeitar os limites dos outros ou os nossos.

Se quando crianças tivemos que tomar conta de alguém que deveria nos criar, é possível que tenhamos passado a acreditar que os pensamentos, sentimentos e problemas de outras pessoas são responsabilidade nossa. Se quando crianças vivemos com alguém que nos fez ser demasiado dependentes dele ou dela, talvez não tenhamos aprendido que somos um ser completo. Podemos ter chegado à idade adulta nos sentindo inacabados e pensando que sem outra pessoa não somos completos. Tomar conta – sejam outras pessoas tomando conta de nós ou vice-versa – danifica os limites. Deixa-nos com uma percepção indefinida de nós mesmos e dos outros – de quem somos e de quem são os outros.

As pessoas controladoras invadem territórios.[7] Elas transgridem e acham que é seu direito fazer isso. Se vivemos com alguém que tentou controlar nosso corpo, nossos pensamentos ou sentimentos, nossos limites podem estar prejudicados. Se nossos direitos aos nossos sentimentos e pensamentos, ao nosso corpo, à nossa privacidade e às nossas posses não foram respeitados, podemos não saber que temos direitos. Podemos não saber que os outros também os têm.

Nossa ligação original com a primeira pessoa que tomou conta de nós determina como nos ligamos aos outros.[8] Nossos limites determinam como convivemos com as pessoas à nossa volta, ou nos ligamos a elas. Se temos limites fracos, podemos nos perder em territórios alheios. Se temos buracos ou aberturas em nossas fronteiras, estamos vulneráveis a invasões. Porém, se nossas fronteiras são grossas e rígidas demais, não deixaremos que as pessoas se aproximem de nós.

Sem limites, os relacionamentos nos causarão medo. Estaremos vulneráveis a perder tudo o que temos, inclusive a nós mesmos.

Com fronteiras demais, não teremos relacionamento algum. Não ousaremos nos aproximar, porque decorrerá um longo tempo até que possamos voltar a enxergar a *nós mesmos*. As pessoas podem fugir de nós.

As pessoas se sentem mais confortáveis em volta de outras que tenham limites saudáveis. É desconfortável estar perto de pessoas com limites demais ou de menos. É incômodo ficar próximo de invasores, embora, se tivermos convivido a vida inteira com certos tipos de transgressores, possamos não perceber como é desconfortável estar em volta deles.

O objetivo da recuperação é desenvolvermos limites saudáveis, sem ser fracos ou rígidos demais, e remendarmos quaisquer fendas em nossas fronteiras. Desenvolver limites saudáveis é responsabilidade nossa. Não podemos colocar a tarefa de cuidar de nós mesmos ou de tratar de nossos interesses em mãos que não sejam as nossas próprias ou as de nosso Poder Superior.

Quando desenvolvemos fronteiras saudáveis, ganhamos uma perspectiva apropriada dos papéis dos membros da família, dos outros e de nós mesmos, aprendemos a respeitar os outros e a nós. Nem abusamos dos outros nem permitimos que abusem de nós. Deixamos de abusar de nós mesmos! Não controlamos os outros nem deixamos que nos controlem. Paramos de ser responsáveis por outras pessoas e de deixar que elas assumam responsabilidades que são nossas. Assumimos a responsabilidade por nós mesmos. Se somos rígidos demais, afrouxamos um pouco. Desenvolvemos uma compreensão clara do nosso *ser* e dos nossos direitos. Aprendemos que somos um *ser* completo. Aprendemos a respeitar o território alheio tanto quanto o nosso. Fazemos isso aprendendo a ouvir e a confiar em nós mesmos.

O que nos machuca? O que nos faz sentir bem?[9] O que é nosso e o que não é? O que estamos dispostos a perder?

Como posso estabelecer limites?

– Fui criada por um pai alcoólico e uma mãe controladora. Depois, saí de casa e me casei com um alcoólico. Quando comecei a me recuperar da codependência, não tinha ideia do que eram limites. Minha vida provava isso. Achava que devia fazer tudo que as pessoas me pedissem. Se alguém tivesse um problema, achava que era minha responsabilidade resolvê-lo. Eu deixava que as pessoas me usassem, depois me sentia culpada porque não gostava de ser usada. Meu marido me manipulava, mentia e abusava verbalmente de mim. Eu me sentia culpada porque não gostava da forma como ele me tratava. Meus filhos faziam o que queriam de mim. Falavam comigo da maneira que queriam. Recusavam-se a me respeitar ou a seguir nossas regras. Eu me sentia culpada quando ficava com raiva deles por me tratarem daquela forma – diz Diane.

Ela conta que está se recuperando da codependência há oito anos. E continua:

– Gradualmente, fui aprendendo a reconhecer a diferença entre tratar bem e tratar mal. Passei a acreditar que mereço ser bem-tratada e respeitada pelas pessoas, incluindo meus filhos. Sei que não devo permitir que as pessoas me usem ou me tratem mal. Não preciso fazer tudo que os outros pedem ou me mandam fazer. Não tenho que ser tocada quando não quero. Não preciso me sentir da forma como os outros me dizem para sentir. Não devo deixar que as pessoas me usem. Posso dizer "não" e "pare com isso". Posso tomar minhas próprias decisões sobre o que quero e o que devo fazer numa determinada situação. *Posso* me defender.

"Aprendi a deixar de controlar incessantemente e de tomar conta dos outros. Aprendi a respeitar as pessoas, a sua individualidade e seus direitos, sobretudo os dos meus familiares. Aprendi que, quando os outros me magoam ou fazem algo de que não gosto, posso me afastar e decidir como cuidar de mim mesma. Posso desenvolver ideias mais claras sobre o que é ou não é responsabilidade minha. Mas tenho que me esforçar para isso, às vezes arduamente.

Essas são as boas e as más notícias. Podemos aprender a estabelecer limites, mas para isso temos que nos esforçar mais do que outras pessoas. Para viver com o que muitos de nós temos, podemos não saber imediatamente o que nos faz bem ou mal. Podemos não saber instintivamente o que é nosso e o que não é. Podemos não conhecer bem os nossos direitos. Pode ser difícil escutar a nós mesmos, porque talvez tenhamos nos abandonado.

Para sobreviver a incidentes que machucam, abusos e comportamentos desajustados, aprendemos a negar a dor e a loucura. Se vivemos num sistema cuja regra é "não existem limites" (não tome conta de si mesmo), podemos sentir vergonha cada vez que pensamos em estabelecer um limite.

– Estou me recuperando há seis anos – diz um homem que foi abusado fisicamente quando criança. – Sou bom em estabelecer limites uma vez que descubra que algo está me magoando, mas ainda levo um bom tempo para perceber isso.

Muitos de nós desenvolvemos grande tolerância à dor e à insanidade. Assim como os especialistas dizem que os alcoólicos desenvolvem uma alta tolerância ao álcool, que permanece alta quer ele beba, quer não, podemos desenvolver uma grande tolerância a dor, abusos, maus-tratos e violação de limites. Às vezes, é difícil discernir quando alguém nos magoa, quando magoamos alguém ou a nós mesmos. Às vezes, temos que nos machucar bastante antes de nos darmos conta de que está doendo. Muitos de nós não temos referência alguma sobre o que é normal e justo.

Como podemos dizer a alguém para deixar de nos ferir se não temos certeza de que estamos feridos? Como podemos identificar que algo é impróprio se é assim que temos vivido o tempo inteiro? Para nós, isso é o normal. Como podemos saber o que desejamos se ninguém jamais nos disse que é correto desejar algo?

Temos que trabalhar nisso, mais do que outras pessoas. Talvez pelo resto da vida. Para fazer isso precisamos voltar a viver em nós mesmos.

Diz Lerner:

Os limites não são apenas um processo de pensamento. Precisamos ouvir nosso corpo para saber onde eles estão. Se fomos criados com vícios, muitos de nós tivemos que deixar nosso corpo e abandonar nosso ser para sobreviver. Se fomos criados por alguém sexualmente abusivo, tivemos que ignorar que nosso ser se contorcia ou que nosso estômago se revirava. Tivemos que ignorar nosso corpo para sobreviver.

Depois, quando adultos, subitamente se espera que saibamos estabelecer limites. Sem estarmos dentro de nosso corpo, não podemos fazer isso. Precisamos descobrir como voltar para nós mesmos e aprender a ouvir o nosso corpo."[10]

Estabelecer limites não é um processo isolado.[11] Está interligado com o crescimento da autoestima, o trato com sentimentos, o rompimento das regras e o desenvolvimento espiritual. Relaciona-se com o desapego. A vergonha está ligada aos limites. Podemos senti-la quando permitimos que as pessoas invadam ou transgridam nossos limites. A vergonha pode tentar nos impedir de estabelecer os limites de que precisamos.[12]

Nossos limites *e* nossos seres crescem e emergem à medida que desenvolvemos autoconfiança, interagimos com pessoas saudáveis e obtemos ideias mais claras sobre o que é e o que não é apropriado. Quanto mais avançamos em nossa recuperação, melhores nos tornamos em estabelecer limites.

- Estabelecer limites é aprender a tomar conta de nós mesmos, não importa o que esteja acontecendo, para onde estejamos indo ou com quem estejamos;
- Os limites emergem das decisões profundas sobre o que acreditamos merecer ou não;

- Os limites emergem da crença do que desejamos e do que necessitamos; aquilo que gostamos e desgostamos é importante;
- Os limites emergem de uma compreensão mais profunda de nossos direitos pessoais, sobretudo do direito que temos de cuidar de nós e de sermos nós mesmos;
- Os limites emergem à medida que aprendemos a dar valor, a ouvir e a confiar em nós mesmos.

O objetivo de estabelecer e manter limites não é construir paredes grossas em volta de nós. O objetivo é nos tornarmos seguros e conscientes de nós mesmos para nos aproximarmos dos outros sem a ameaça de nos perdermos, de sufocá-los, de transgredir ou de sermos invadidos. Limites são a chave para bons relacionamentos.

Quando temos consciência de nós mesmos, somos capazes de nos sentir próximos e íntimos de alguém. Somos capazes de nos divertir, de ser criativos e espontâneos. Somos capazes de amar e de ser amados.

A intimidade, a brincadeira e a criatividade demandam que deixemos de controlar. Somente quando sabemos impor limites e confiar em nós mesmos nos tornamos capazes de nos descontrair o bastante para aproveitar. Essas mesmas atividades ajudam a desenvolver uma consciência pessoal, porque é por meio do amor, da diversão e da criatividade que começamos a compreender quem somos e nos asseguramos de que podemos confiar em nós mesmos. Ter limites significa ter um ego forte, bem-cuidado, saudável e confiante o bastante para poder se entregar – e permanecer intacto.[13]

"Dicas" para fixar limites

Não temos que construir barricadas para proteger nosso território; não precisamos ser supervigilantes. Precisamos aprender a prestar atenção. Aqui vão algumas dicas para fortalecer a capacidade de estabelecer limites.

Quando identificar o que precisa para estabelecer um limite com alguém, faça isso claramente, de preferência sem raiva, e com o menor número possível de palavras. Evite justificativas, racionalizações ou desculpas. Apresente uma explicação rápida, se isso fizer sentido. Não seremos capazes de manter relações íntimas até que possamos dizer às pessoas o que nos magoa e o que nos faz bem.[14] A pessoa que mais deve saber dos nossos limites somos nós mesmos.

Não podemos simultaneamente estabelecer um limite e tomar conta dos sentimentos de outra pessoa. Os dois atos são mutuamente exclusivos. Já dei essa dica antes, mas sempre é bom repeti-la.[15]

Provavelmente, sentiremos vergonha e medo ao estabelecermos limites. Porém, faça-o de qualquer modo. As pessoas podem não saber que estão ultrapassando seus limites. Além disso, ninguém respeita as pessoas que podem ser usadas. Os limites saudáveis beneficiam a todos. As crianças e os adultos se sentem mais confortáveis perto de nós.

Ódio, raiva, reclamações e choradeiras são sinais de limites que precisamos estabelecer. Aquilo que dizemos não suportar, não gostar, nos enraivecer e odiar podem ser áreas clamando por limites. Recuperar-se não significa ter raiva, chorar ou reclamar, e sim aprendermos a escutar a nós mesmos de perto, para ouvir o que estamos dizendo. Esses sinais indicam problemas, como uma luz vermelha piscando no painel do carro. A vergonha e o medo podem ser a barreira que precisamos romper para cuidar de nós mesmos. Outras indicações de que estamos precisando estabelecer limites são nos sentirmos ameaçados, "sufocados"[16] ou feitos de vítimas por alguém. Precisamos prestar atenção ao que nosso corpo está nos dizendo. Como disse antes, podemos precisar sentir raiva para estabelecer um limite, mas não precisamos ficar com raiva para mantê-lo.

Seremos testados quando estabelecermos limites. Pode ter certeza disso. De nada adianta estabelecer um limite se não estamos prontos para pô-lo em execução. O segredo não é convencer alguém de que temos limites – é convencer a nós mesmos. Uma vez que realmente soubermos os limites que queremos impor, não será difícil convencer os outros. Na verdade, as pessoas geralmente percebem quando chegamos ao nosso limite. Deixaremos de atrair tantos invasores. As coisas mudarão.

Uma mulher foi ao terapeuta e recitou sua lista costumeira de reclamações sobre o marido.

– Quando isso vai ter um fim? – perguntou ela ao terapeuta.

– Assim que você quiser – respondeu ele.

Prepare-se para colocar seus limites em prática, agindo de acordo com eles. Nossos limites precisam combinar com nosso comportamento. O que dizemos precisa corresponder ao que fazemos. Se você diz que é um limite seu não deixar que ninguém dirija seu carro, mas continua permitindo que o tomem emprestado e depois reclama, isso não é um limite. Consequências e ultimatos são uma maneira de cumprir limites. Por exemplo: se você estabeleceu um limite de que não conviverá mais com alcoólico praticante e alguém assim convive com você, você pode dar a ele ou a ela um ultimato. Ou a pessoa para de beber e começa a se recuperar ou você vai embora. Ouço muito as pessoas reclamarem: "Estabeleci um limite, mas Harvey não o obedece." Os limites são para tomar conta de nós mesmos, não para controlar os outros. Se estabelecemos o limite de não ficarmos perto de alcoólicos praticantes, isso não força Harvey a parar de beber. Harvey pode escolher entre beber ou não. Nosso limite nos dá uma diretriz para fazermos uma escolha – se queremos ou não ficar perto de Harvey.

Algumas pessoas ficam felizes em respeitar nossos limites. O problema não é o que estão fazendo conosco; é o que estamos fazendo com nós mesmos. Algumas pessoas podem ficar zangadas conosco por estabelecermos limites, sobretudo se estamos mudando um sistema em que não havia nenhum. As pessoas ficam zangadas, principalmente quando costumávamos tomar conta delas ou permitir que nos usassem ou nos controlassem e depois decidimos que é hora de mudar isso.

Estabelecemos limites quando estamos prontos, nem um minuto antes. Fazemos isso em nosso próprio tempo, não no de outra pessoa – de nosso terapeuta, grupo ou orientador porque isso está ligado ao *nosso* crescimento.

Um grupo de apoio pode nos ajudar quando lutamos para estabelecer e aplicar limites. Pode ser valioso sermos assegurados sobre o que é ou não normal, sobre quais são e não são os nossos direitos. Um encorajamento conjunto pode nos ajudar bastante quando lutamos para assegurar esses direitos.

Existe também um lado divertido na fixação de limites. Além de aprendermos a identificar o que nos magoa e o que não gostamos, passamos a identificar o que gostamos, o que nos faz sentir bem, o que desejamos e o que nos dá prazer.[17] É aí que começamos a melhorar a nossa qualidade de vida. Se não estávamos certos de quem somos, do que gostamos e desejamos, passamos a ter direito a essas excitantes descobertas.

Os limites são uma questão pessoal. Eles refletem nosso crescimento e contribuem para ele, para nosso ego e para nossa ligação com nós mesmos, com nosso Poder Superior e com outras pessoas. Prestar atenção ao que gostamos, ao que queremos, ao que nos faz bem e ao que nos magoa não nos separa de nosso Poder Superior ou do plano de Deus para nossas vidas. Ouvir e avaliar a nós mesmos leva-nos ao desejo de Deus para nossas vidas: um plano rico e abundante para valer. Quando assumirmos riscos e aprendermos mais sobre quem somos, nossos limites e nós mesmos emergiremos. Quando atravessarmos situações diferentes, enfrentaremos a necessidade de estabelecer novos limites sobre o que nos magoa, o que nos faz sentir bem, o que gostamos e não gostamos. Estabelecer limites é um processo contínuo de escutar e respeitar a nós mesmos e aos outros, compreender nossos direitos e cuidar de nós.

Lute pelo equilíbrio, pela flexibilidade e por uma noção saudável de si mesmo e de como você merece ser tratado. Viver saudavelmente significa se doar de vez em quando, mas há uma grande diferença entre dar e ser roubado.[18]

Listei aqui algumas dicas, mas não existe um manual para a fixação de limites. Cada um de nós tem seu próprio guia dentro de si. Se continuarmos a trabalhar na recuperação, nossos limites se desenvolverão. Eles ficarão saudáveis e sensíveis. Nossos egos nos dirão o que precisamos saber e amaremos a nós mesmos o bastante para ouvirmos.

Pergunte a si mesmo: *O que me machuca?* Escute e acabe com a dor. Pergunte: *O que me faz sentir bem?* Se algo o faz se sentir bem, você é um vencedor. Pergunte a si mesmo: *O que é meu?* Se é seu, você pode tê-lo; se não for, não ponha no bolso.[19] Pergunte-se: *O que estou disposto a perder?* Talvez você não tenha nada a ceder.

Exercícios

1. Quais foram alguns dos limites que você estabeleceu no começo de sua recuperação? E recentemente? Pode se lembrar de como se sentia antes e depois de estabelecer tais limites? Você teve que agir para que fossem respeitados? A seu ver, quais são os tipos mais difíceis de limites para estabelecer e fazer respeitar?
2. Existe hoje em sua vida alguém que o esteja usando ou que não o esteja tratando respeitosamente ou da forma apropriada? Você anda reclamando, se zangando, lamentando-se ou se aborrecendo com algo? O que o está impedindo de tomar conta de si mesmo? O que acha que acontecerá se fizer isso? E se não fizer?

3. Como se sente quando está perto de pessoas com limites rígidos – cheias de regras e regulamentos? Como se sente quando está perto de pessoas com poucos limites ou sem limite algum?
4. No passado, o que estava disposto a perder por causa de um relacionamento em particular? O que está disposto a perder agora? O que não está disposto a perder?

16
Intimidade

"Afinal, você quer ter intimidade nesse relacionamento ou não?", explodiu ela.

"Claro", disse ele. "O que é isso?"

– Anônimo

À medida que viajo por todo o país dando palestras para pessoas em recuperação, tenho feito uma pesquisa informal. Pergunto quantas delas estão se recuperando perfeitamente e quantas têm um relacionamento perfeito. Faço ainda outra pergunta:

– Quantos de vocês cresceram com exemplos de intimidade e proximidade em suas famílias?

Em plateias de duzentas a novecentas pessoas, raramente mais de duas ou três levantam a mão para responder que sim à última pergunta. (Ninguém respondeu positivamente à primeira; duas em 15 mil pessoas responderam positivamente à segunda, mas não entrevistei seus cônjuges.)

Poucos de nós tivemos a sorte de crescer sabendo o que é intimidade. A maioria de nós foi criada em famílias em que intimidade e proximidade não existiam. Comportamentos como controlar, tomar conta, ser desonesto e, às vezes, casos mais sérios de abuso podem ter tornado a intimidade e a proximidade impossíveis. As regras – não confie, não se aproxime demais, não converse sobre seus sentimentos, não seja vulnerável – podem ter dificultado muito os relacionamentos íntimos.

Meu amigo Chad anunciou seu noivado a um grupo de amigos. Mais tarde, naquela noite, ele perguntou a Verônica, uma de suas amigas, se ela e o namorado também planejavam se casar.

– Não – disse Verônica. – Não temos planos de casamento.

Chad lhe disse:

– Seu namorado é um bobo se não se casar com você.

– O que você não compreende – disse Verônica – é que, se ele não fosse um bobo, não estaria me relacionando com ele. Minha capacidade de intimidade é limitada, e qualquer um que deseje um relacionamento próximo e afetuoso não vai querer nada comigo.

O comentário de Verônica expressa um problema comum. A maioria de nós deseja intimidade e proximidade, mas não sabemos o que esses conceitos significam e a poucos de nós foi ensinado como ter essas coisas. A maior parte das pessoas foi ensinada a não ter intimidade e proximidade.

Eu costumava achar que *intimidade* era um jargão. Não compreendia o que era porque nunca havia experimentado isso. Como acontece? Com o que se parece ou o que nos faz sentir?

Eu achava que intimidade tinha algo a ver com sexo. Depois achei que significava ficar acordada a noite toda compartilhando sentimentos: a culpa dele e a minha raiva. Uma vez, num grupo, senti uma poderosa ligação com aquelas pessoas. Aconteceu quando uma delas estava falando e eu ouvindo. Aquilo me assustou, porque me senti fora de controle. Imaginei se aquilo não seria intimidade. Tentei descobrir se intimidade era o que John Powell chamou de "auge da comunicação" em seu livro *Why Am I Afraid to Tell You Who I Am?* [Por que tenho medo de lhe dizer quem sou?][1]

Intimidade e proximidade pareciam coisas misteriosas e invisíveis, mas mesmo assim eu ansiava por elas.

Lembro-me de uma vez que estava no carro com uma amiga. Íamos a um brechó. Eu me dei conta de que nunca baixara minha guarda – com ela ou com qualquer outra pessoa – o bastante para ter intimidade.

Também me lembro de uma noite em que acabara de chegar em casa e de repente tive consciência de que vivia assustada e nervosa demais para me sentir próxima a meus filhos. Sabia como desempenhar o papel de "mãe", como tomar conta deles e controlá-los, mas não relaxar e ser sua amiga.

Lembro-me ainda de uma noite em que estava na cama com meu ex-marido, desejando uma ligação emocional e espiritual com ele, mas sem ter a menor noção de como desenvolvê-la.

Desde que comecei a me recuperar da codependência e de problemas de adultos-crianças, tive mais momentos de intimidade e proximidade do que em toda a minha vida antes de começar meu processo de recuperação. Antes eu culpava os outros, reclamava sobre não ter proximidade e imaginava se algum dia viria a ter. Entretanto, quando tomei a firme decisão de ter relacionamentos íntimos e próximos, e dediquei-me a minha recuperação, consegui o que queria.

Não sei tudo o que gostaria de saber sobre intimidade. Porém, isto é o que já aprendi.

Como conseguir intimidade

A intimidade acontece quando nossos limites se relaxam e tocam a fronteira de outra pessoa. A proximidade nos faz sentir bem. É uma experiência agradável e relaxante. Podemos ter muitos momentos assim se nos permitirmos buscá-la e tivermos alguém com quem compartilhá-la. A proximidade é algo sobre o qual temos algum controle. Acho que ela tem muito a atitudes – preocupação, honestidade, abertura, desejo, segurança e disponibilidade – e pode ser cultivada, desenvolvida e mantida. Também podemos relaxar nossas barreiras sem ser com outras pessoas, com um anel de diamante, nosso trabalho ou um animal de estimação.[2] Às vezes, isso é bom. A chave é escolher.

Intimidade é a mais poderosa ligação de energia. É transcendental. Nossos limites e barreiras caem, e nos unimos a algo ou alguém *temporariamente*. A intimidade pode ser emocional, mental, sexual, espiritual ou uma combinação misteriosa e estimulante desses elementos. Embora a intimidade não possa ser medida ou comparada, as experiências mais profundas são as ligações multidimensionais de energia. A intimidade é uma conexão tão poderosa que não pode ser retida. É um presente, uma convidada especial que chega e parte inesperadamente e a seu próprio tempo. No momento em que a percebemos, ela desaparece.[3]

A proximidade e a intimidade são como a felicidade. São difíceis de descrever. Ou você sente ou não sente. Elas acontecem quando e onde menos esperamos. Não podem ser fabricadas, forçadas ou compradas, pois surgem como subprodutos de uma certa maneira de viver. Essa "maneira", chamada recuperação – cuidar e amar a nós mesmos –, nos torna disponíveis para elas, aumenta nossa capacidade de intimidade e proximidade.

"A intimidade começa quando a programação individual (geralmente instintiva) se torna mais intensa, e abandonamos os padrões sociais, as restrições e os motivos escusos", escreve Eric Berne em jogos da vida.[4] Assim, podemos finalmente ter momentos ou relacionamentos íntimos.

A proximidade e a intimidade podem ser vivenciadas por duas pessoas tomando café e conversando; por três pessoas conversando em volta da mesa de jantar; por duas pessoas preparando o jantar ou pintando um cômodo juntas; por duas pessoas pescando; por uma pessoa rezando; por um casal dançando; ou por duas pessoas em silêncio, de mãos dadas no carro ou vendo o sol se pôr. Essas ações não são necessariamente atos de intimidade e proximidade, mas podem ser, assim como o sexo.

Para que a proximidade exista, as duas pessoas têm que desejá-la. Precisamos estar disponíveis para ela e dispostos a obtê-la. Devemos abandonar a pretensão e o medo, os joguinhos e os mecanismos de proteção. Embora a intimidade e a proximidade tenham relação com fazer algo juntos ou apenas estar juntos, o "estar" em si é de fundamental. Assim como o querer estar próximos. Precisamos passar tempo juntos para chegar lá.

Então, finalmente, baixamos nossa guarda por alguns momentos. Relaxamos nossos limites, a linha que nos distingue e separa de outra pessoa. Entregamo-nos - o que por si só não é nada fácil - ao relacionamento, um ao outro, ao momento. Tornamo-nos vulneráveis.[5]

Para podermos nos entregar em nossos relacionamentos, precisamos de limites saudáveis. É necessário estar confiante, forte e bem-cuidado para ser capaz de se entregar. É preciso saber que podemos baixar a guarda. Nossos limites precisam ser saudáveis e firmes antes que possamos decidir quando e com quem relaxá-los.[6]

Para nos unirmos momentaneamente a alguém na experiência que chamamos de intimidade, devemos ser capazes de emergir de novo. Caso contrário, não será um ato de intimidade e proximidade, mas um caso de fusão e dependência. Precisamos ter uma noção saudável de quem somos para que possamos cuidar de nós mesmos. A outra pessoa precisa saber que deixaremos seu território quando chegar a hora. Ambos precisam estar seguros de que, quando misturarem os territórios, não ocorrerão invasão, vergonha, humilhação, transgressão ou permanência exagerada.

Para que aquela agradável, exuberante e adorável criança interior possa sair, brincar e mostrar seu lindo rosto em momentos de intimidade e proximidade, ela precisa primeiro ser encontrada. Em segundo lugar, essa criança deve saber que, se sair para brincar estará protegida, valorizada, amada e cuidada. Isso não é essencial e um pré-requisito à intimidade.

Barreiras à intimidade

Para sermos íntimos ou próximos de alguém, temos que abandonar, momentaneamente, nossa necessidade de controlar, pois ela é um substituto insatisfatório que impede a proximidade. Alguns de nós só conhecem essa maneira de se ligar às pessoas, mas a permanente tentativa de controlar destrói as chances de obter a verdadeira intimidade.

Outros comportamentos podem tomar o lugar da intimidade: fofocar, culpar, punir, puxar briga, implicar, julgar e ter autopiedade. Esses são mecanismos protetores, mas não são nem intimidade nem proximidade.

A obsessão com o passado, com o futuro ou com o presente impossibilita a proximidade, pois impede que estejamos de fato presentes.

Problemas pendentes e raiva mal resolvida bloqueiam nosso passado e, consequentemente, nos bloqueiam, impedindo a intimidade. Se não enfrentamos nossos fantasmas, se ainda estamos presos a antigos padrões, podemos ser incapazes de ganhar intimidade e proximidade com os outros. Se não lidarmos com a tristeza e aceitamos as pessoas e as circunstâncias atuais, seremos incapazes de estar presentes o bastante para conseguir intimidade e proximidade. A raiva mal resolvida e os ressentimentos, sejam direcionados à pessoa com quem estamos, sejam a alguém do passado que esteja representado nessa pessoa, podem impedir a intimidade e a proximidade.

– Fui feita de vítima pelos homens a maior parte da minha vida – diz Jane. – Vários anos depois de começar a me recuperar, enquanto tentava ter um relacionamento saudável, me conscientizei da raiva que ainda sentia. Nunca lidara com todo o rancor que guardava dos homens que me maltrataram. Eu racionalizava e negava a raiva. Mas ela estava lá. Claro que estava! Eu nem a reconhecera, nem a aceitara. Em vez disso, usei o rancor para punir o homem presente em minha vida e provar que todos eles não valem nada. Uma maneira de fazer isso era não permitir que se aproximassem de mim.

Outra atitude que impede a intimidade e a proximidade é esperá-las de pessoas incapazes de qualquer uma das duas, o que nos traz de volta à questão da disponibilidade ou indisponibilidade nos relacionamentos. Dependência ativa, problemas não resolvidos passados ou presentes, abusos e mentiras impossibilitam totalmente a intimidade e a proximidade. A intimidade não acontece entre pessoas com esses problemas. Podemos esperar até cansar, mas não seremos capazes de nos aproximar ou ficar íntimos de alguém que é ativamente dependente, alguém que achamos que mente para nós ou alguém que tememos poder nos ferir verbal, física ou emocionalmente.

Alguém que abuse, minta ou seja dependente no momento não é capaz de ter honestidade, entrega, aceitação, autorresponsabilidade, abertura e abandono, atitudes essenciais para obter a intimidade e a proximidade. Essas pessoas não estão presentes nem para si mesmas e não o estarão para o relacionamento. Saberemos, bem lá no fundo, que não é seguro nos entregar e ficar vulneráveis. Nosso território está em risco – alto risco – de invasão e ataque.

A vergonha pode dificultar a intimidade. Se não nos sentimos bem em ser quem somos, não nos mostraremos ou nos exporemos aos outros. A intimidade e a proximidade requerem autoaceitação. Precisamos ser íntimos de nós mesmos antes que o possamos ser de outra pessoa.

A diferença entre intimidade e os "jogos" que praticamos como substitutos pode ser descrita da seguinte maneira: quando o castigo porque estou com raiva de você, é um "jogo"; quando lhe digo que estou magoada, com raiva e quero puni-lo, é intimidade. No entanto, só é intimidade se meu tom de voz for suave e se eu for responsável por meus sentimentos e comportamentos. É intimidade se eu estiver disposta a me abrir e se tiver certeza de que você vai se importar com os meus sentimentos.

A verdadeira intimidade

Em *Leaving the Enchanted Forest: The Path from Relationship Addiction to Intimacy* [Deixando a floresta encantada: a trilha da dependência no relacionamento para a intimidade], as autoras Stephanie Covington e Liana Beckett listaram três fatores essenciais para um relacionamento íntimo.[7]

- *O relacionamento precisa ser mútuo.* Isso significa que ambas as pessoas são livres tanto para ficar como para ir embora, e ambas estão agora no relacionamento porque preferem assim, não porque precisam ou acham que têm que estar.
- *Empatia recíproca deve estar presente.* Isso significa que ambos sentem desejo de compreender os sentimentos do outro e se importam com eles. Isso significa sentir-se seguro e estar disposto a entrar no mundo emocional do outro com uma atitude carinhosa.
- *Deve existir um equilíbrio de poder.* Isso significa que deve haver igualdade de poder entre as pessoas para se chegar à intimidade. Essa igualdade nunca é perfeita, mas a balança não deve pender demais nem para um lado nem para o outro.

Outra parte importante da intimidade e da proximidade é a capacidade de nos distanciarmos, de voltarmos para nós mesmos e para nossa vida, depois de ficarmos íntimos. A proximidade é um estado de consciência e de energia alterado. Os limites do ser são modificados ou relaxados. Depois disso, precisamos restaurar nossos limites e nossa energia às condições normais, saudáveis e intactas. Precisamos fechar os buracos em nossas fronteiras e retornar a um estado de totalidade e individualidade. As pessoas não podem sustentar permanentemente as condições de intimidade e proximidade. Isso não é desejável e provavelmente impediria que tivéssemos uma vida normal. Precisamos voltar ao nosso equilíbrio e a nós mesmos.

A necessidade do distanciamento é instintiva e saudável depois de períodos de proximidade.[8] As melhores maneiras de conseguirmos o distanciamento não são tão instintivas. Muitos de nós sabemos tudo sobre comportamentos de distanciamento. São os mesmos que usamos como substitutos para a intimidade; são os mesmos que bloqueiam e evitam a intimidade. Para nos distanciarmos, podemos recorrer a provocar brigas, a encontrar defeitos, a nos retirar ou a um sem-número de comportamentos contrários à intimidade.[9] Se isso nos afasta de alguém, nos protege, levanta uma barreira ou de alguma forma cria distância, é um comportamento de distanciamento. Para aqueles de nós que têm capacidade limitada de intimidade, nem é preciso muita proximidade para nos impelir a fazer uso desses artifícios de distanciamento.

Uma opção a esses comportamentos nocivos é aprender a aceitar a necessidade de distância depois da proximidade e escolher o melhor modo de obtê-la. Geralmente, um simples fechamento de nossa energia e um retorno à vida e às atividades normais são o bastante.

Quanto mais cuidadosos somos com nós mesmos, mais fácil será lidar com a aproximação e o afastamento que são parte da intimidade. Os relacionamentos próximos requerem que as duas pessoas envolvidas tenham um ego forte e bem-cuidado.

O respeito mútuo e a autoconsciência também são necessários. Precisamos ser capazes de dizer o que nos magoa, o que nos faz bem e de que necessitamos. Assim como a outra pessoa.

Merecemos relações próximas. A capacidade de intimidade aumenta à medida que avançamos em nossa recuperação. Precisamos ir devagar e com cuidado enquanto aprendemos a arte da entrega condicional: entrega temporária, com limites, com pessoas seguras e conscientes de que voltarão a ser alguém completo. Uma vez que aprendermos a amar a nós mesmos, poderemos descobrir como amar e ser amados de maneiras excitantes em nossos relacionamentos. Normalmente, o maior desafio não é aprender a amar alguém, mas a deixar que alguém nos ame.

A intimidade e a proximidade podem ser difíceis, mas valem a pena. Você aprende a aceitar a falta de poder e encontra um novo Poder Superior. Você está aprendendo a assumir seu poder. Agora pode aprender a compartilhá-lo.[10]

Exercícios

1. Como gostaria que a intimidade e a proximidade se manifestassem em sua vida e em seus relacionamentos?
2. Quais são seus padrões de distanciamento? Reclamar, culpar, criticar, terminar relacionamentos, sentir raiva, controlar, ocupar-se com o trabalho? De que outras maneiras, mais positivas, você poderia restabelecer seus limites, depois de períodos de intimidade?

17
Negociando conflitos

"A senhora está querendo uma discussão ou
uma explicação?", perguntou finalmente o empregado
à freguesa irada. A freguesa pensou um pouco e
respondeu: "Acho que estou querendo uma discussão."

– De um frequentador
do Al-Anon

— Mamãe, por favor, não brigue mais com papai! Minha amiga Elizabeth disse que quando uma mãe e um pai brigam, eles se divorciam.

As palavras de minha filha partiram meu coração. Era triste que ela e Elizabeth pensassem que conflitos significassem que alguém iria embora. No entanto, elas tinham razão para acreditar nisso. A mãe e o pai de Elizabeth discutiam muito e um dia se divorciaram. Meu marido e eu discutíamos muito e um dia nos divorciamos. Minha mãe e meu pai discutiam muito e acabaram se divorciando. O triste é que *eu* acreditava que os conflitos destroem os relacionamentos.

Ter dificuldades de lidar com conflitos e problemas é bastante comum. Muitos fatores contribuem para isso. Podemos ter vivido numa família com uma regra de "não há problemas". Se não era certo ter, identificar ou falar sobre problemas, podemos nos sentir envergonhados e ansiosos quando os temos, além de despreparados para resolvê-los. Se já vivemos com as regras de "seja perfeito" e "seja correto", podemos nos esforçar tanto para sermos perfeitos e corretos que acabamos sendo ineficientes.[1] A dificuldade de lidar com os próprios sentimentos, sobretudo a raiva, pode limitar nossa capacidade de negociação. De "como posso resolver esse problema?", a questão passa a ser "o que posso fazer para punir você por me deixar com raiva?"

Por outro lado, se vivemos com traumas e raiva demais, os conflitos podem desencadear reações de codependência. A ameaça de conflito pode nos jogar em um círculo vicioso de tomada das responsabilidades dos outros, controle, ansiedade e negação.[2]

Crescendo com mensagens negativas

– Minha mãe disse que meu pai tentou matá-la com um facão – relembra uma mulher. – Ela me contou que me escondi atrás do sofá, assistindo a tudo e gritando de terror. Não me recordo disso, mas ainda me lembro do medo. Sinto-o cada vez que as pessoas ficam com raiva ou levantam a voz.

Sejam quais forem as circunstâncias, muitos de nós crescemos com modelos e mensagens negativas quanto a resolver problemas e conflitos. Talvez tenhamos decidido que poderíamos resolver as diferenças ignorando, negando, evitando, desistindo, cedendo, forçando, coagindo, julgando ou nos afastando. Mas essas ações não resolvem os problemas nem as diferenças, apenas criam mais conflitos ao reforçar padrões negativos.

Para complicar as coisas, muitas pessoas passam um longo tempo tentando solucionar problemas que não conseguiriam resolver nem se vivessem quinhentos anos, porque não era responsabilidade delas resolvê-los. Podemos ter passado anos tentando barganhar com indivíduos que não jogavam limpo.[3] Doenças como o alcoolismo não se negociam. Elas vencem – até que a recuperação tenha início.

Alguns de nós ficamos tão envolvidos e esmagados por problemas e dores que nos tornamos mártires. Aprendemos a dar todo o poder e a energia ao problema, em vez de usá-lo para obter uma solução.

A falta de fé – em nós mesmos, na vida, em nosso Poder Superior e em nossa capacidade de resolver problemas – pode prejudicar nossa habilidade para lidar com dificuldades e diferenças. Podemos não acreditar que os conflitos possam ser resolvidos. Ou nem mesmo acreditar em conflitos.

Desperdiçando energia pessoal

Eu costumava ter uma atitude ingênua em relação a problemas, desentendimentos e dificuldades. Achava que não deviam existir. Ficava perplexa quando aparecia um problema atrás do outro. Por que Deus estava implicando comigo? O que eu estava fazendo de errado? Por que as pessoas estavam fazendo aquilo comigo? Gastava mais tempo e energia reagindo à presença dos problemas do que fazendo algo para resolvê-los.

Certo dia, enquanto me lamentava por conta de um determinado problema, alguém fez uso de um velho clichê: *Ninguém disse que seria fácil.* Certo! Ninguém disse que seria fácil. Porém, ninguém tampouco me disse que seria tão terrivelmente difícil...

Levei anos para aprender estes três conceitos:

- Posso ter problemas;
- Posso resolvê-los da forma que for melhor para mim e para meus relacionamentos;
- Posso abandonar os problemas que não posso resolver, porque meu Poder Superior está aqui para me ajudar.

Levei mais alguns anos para perceber minhas reações instintivas aos problemas: negar, entrar em pânico, fugir, controlar, pensar o pior e ter pena de mim mesma. Essas reações geralmente pioravam a situação. Desde então, aceitei diversas variações da Lei de Murphy:

- Tudo que funciona se estraga.
- Se algo puder dar errado, vai dar.
- Frequentemente, as tarefas são mais difíceis do que achamos que seriam.

Na abertura de seu livro *The Road Less Traveled* [O caminho menos percorrido], M. Scott Peck resume tudo isso da seguinte forma: "A vida é dura."

Uma vez que nos damos conta dessa grande verdade, nós a transcendemos, diz Peck. Quanto mais cedo aceitarmos que a vida é difícil, mais fácil ela se torna.[4]

Aceitei também outra premissa. A. P. Herbert a resumiu quando disse: "A ideia de duas pessoas vivendo juntas durante 25 anos sem uma briga séria sugere uma grande pobreza de espírito."[5]

Livrando-se de problemas

Os problemas são parte da vida, assim como os conflitos são inerentes aos relacionamentos. No entanto, *resolução* de problemas também faz parte da vida. Aprender a solucioná-los e chegar a um consenso nos fará progredir em nossa jornada de recuperação.[6] Este capítulo discute maneiras de solucionar problemas e mediar conflitos. Vamos discutir as seguintes sugestões:

- Identifique e aceite o problema;
- Procure as melhores soluções para o relacionamento;
- Esteja aberto a várias soluções;

- Aprenda a combinar a emoção com a razão;
- Não tome problemas e diferenças como ofensas pessoais;
- Não ignore uma oposição se ela existir, mas também não presuma que ela vai ocorrer;
- Aprenda a combinar o desligamento com as atitudes apropriadas para encontrar uma solução;
- Pratique a paciência limitada;
- Seja claro sobre o que deseja e de que necessita;
- Considere importantes seus desejos e necessidades, e também os dos outros;
- Saiba separar os problemas das pessoas;
- Comunique-se;
- Limites saudáveis são cruciais na hora de mediar conflitos;
- Sempre abrir mão do que você deseja e necessita não é chegar a um consenso;
- Evite os jogos de poder;
- Aprenda a reconhecer quando está negociando consigo mesmo;
- Abandone a ingenuidade e o cinismo;
- Reserve ultimatos para questões totalmente inegociáveis ou como último recurso da negociação;
- Não perca tempo negociando o que não é negociável;
- Permita que cada pessoa mantenha seu respeito e sua dignidade;
- Assuma total responsabilidade por seu comportamento;
- Descubra a recompensa ou a lição presente em cada conflito.

Identifique e aceite o problema

- Simplifique o problema ao máximo.

Depois comece a dar poder à solução e a reafirmá-la. Uma forma de fazer isso é colocar o problema e a solução numa lista de objetivos, sob o título de "problemas a serem resolvidos".

Seja específico sobre o problema. Deixe claro o que é e o que não é de sua responsabilidade. Se você não sabe o que está errado, nada pode resolver. Se não aceitar o problema, não terá a organização mental necessária para resolvê-lo.

Nos meus livros, às vezes sei que há algum problema com um determinado trecho do que escrevi. Se ficar ansiosa e tentar consertá-lo sem identificar claramente o que está errado (estrutura, tom, conteúdo), perderei tempo andando em círculos e sempre voltando ao ponto de partida: identificar o problema para que possa apontar a solução. Eu tinha essa mesma reação imponderada quanto aos meus relacionamentos, e também não adiantava de nada.

Procure as melhores soluções para o relacionamento

- Isso significa que damos valor ao relacionamento, e a solução que procurarmos deverá refletir isso.

Sim, estamos aprendendo a tomar conta de nós mesmos e a agir da forma que seja melhor para nós. Porém, em algum momento, podemos aprender a agir da melhor forma para preservar relacionamentos que valham a pena. Isso não significa ignorarmos a nós mesmos e às nossas necessidades, ou agirmos de maneira que não seja do nosso interesse.

Esteja aberto a várias soluções

- Uma boa negociação de conflito significa eliminar o tradicional pensamento "ou branco ou preto"; significa pensar juntos. Às vezes, as soluções óbvias são ignoradas.

Grant e Sharon trabalham fora o dia todo. Eles têm dois filhos e vivem numa casa grande. Grant gosta de ter a casa imaculada. Sharon não gosta muito de tarefas domésticas. Isso se tornou um ponto de atrito contínuo entre eles. Sharon considera que, se Grant quer a casa mais limpa, ele deve cuidar disso. Grant acha que faz mais do que sua parte. As discussões tomaram um tom não construtivo. Afinal, decidiram parar de discutir e resolver o problema. Grant queria a casa limpa. Sharon queria relaxar quando chegasse em casa. Ambos se juntaram e contrataram uma faxineira.

Aprenda a combinar a emoção com a razão

- Para resolver problemas e negociar diferenças, usar uma abordagem somente emocional ou somente racional reduz nossa eficácia.

Se não valorizarmos nossas próprias emoções ou as do outro, teremos problemas. As emoções geralmente motivam o comportamento. Se as ignorarmos e confiarmos somente na abordagem racional enquanto a outra pessoa está no auge da raiva, da dor, da decepção ou do medo, nossos esforços poderão ser inúteis, autodestrutivos e mal compreendidos.

Por outro lado, se formos guiados apenas pelas emoções, também não teremos bons resultados. As emoções precisam ser ditas e ouvidas, mas não devemos permitir que controlem nossas ações e pensamentos.

Emoções fortes como raiva, dor ou medo são mais bem tratadas fora das sessões de resolução de problemas. A raiva nos ajuda a identificar os problemas, mas normalmente não contribui para resolvê-los.[7] Aprenda a dar um tempo para permitir que os ânimos se acalmem.

– Eu tinha um problema que estava me levando à loucura – diz Jeff. – Comprei um carro novo e o capô abria sempre que eu saía dirigindo. Levei o carro cinco vezes para ser consertado. Em todas as vezes o capô abria de novo antes mesmo que eu chegasse em casa. Fiquei furioso! Um dia, voltando para casa depois de sair da concessionária e ter o problema supostamente resolvido mais uma vez, o capô abriu de novo. Fiquei com tanta raiva! Saí do carro, soquei o capô e com isso fiz nele um amassado de uns 10 centímetros de diâmetro. Foi quando vi que era hora de lidar com minha raiva separadamente da solução do problema. Minha raiva era justificada, mas não ia resolver o problema; apenas causaria outros.

Não tome problemas e conflitos como ofensas pessoais

- Essa abordagem para resolver problemas despende grande quantidade de tempo e energia.

É tentador levar os problemas para o lado pessoal. Isso também nos atrapalha a enxergar as prováveis soluções.

Não ignore uma oposição se ela existir, mas também não presuma que ela vai ocorrer

- Pensar os relacionamentos e as negociações como uma questão de "perder ou ganhar", ou "vencer o inimigo", cria uma atmosfera hostil. Comece pedindo o que você deseja, em vez de exigindo.

Às vezes, podemos criar uma situação negativa que só existe na nossa cabeça. Por outro lado, precisamos ter cuidado com a tendência a evitar conflitos a qualquer custo; isso significa não jogar fora sua integridade para deixar os outros felizes.

Aprenda a combinar o desligamento com as atitudes apropriadas para encontrar uma solução

- Não confie apenas no desligamento – deixar rolar e deixar Deus resolver – como um recurso para solucionar problemas. Tampouco confie apenas em você para fazer isso.

Desligamento demais pode ser negação ou negligência. Atitudes em excesso podem controlar o comportamento. Busque o equilíbrio.

Pratique a paciência limitada

- Por vezes, a espera ajuda a conseguir o que antes parecia impossível mesmo com nossos maiores esforços.

Assim como nós, as outras pessoas às vezes também precisam de tempo para descobrir seus reais desejos e necessidades, e para compreender seus sentimentos. Não queremos agir de forma hostil demais, mas tampouco queremos esperar indefinidamente. Isso leva à negação. Estabeleça um limite de tempo apropriado para cada estágio da negociação.

– Impulsivamente me comprometi a comprar um produto por muito mais do que valia – diz Marv. – Queria cair fora o mais rapidamente possível. Enquanto estava ali sentado, arrependido da minha decisão, o vendedor pulava de alegria. Ele ia ganhar uma tremenda comissão. Quando lhe comuniquei que queria cancelar a compra, ficou furioso.

Continua Marv:

– Iniciamos uma discussão que não levava a nada. Foi aí que decidi me afastar. Disse que ia me retirar, devolvi a ele o produto para que soubesse que realmente não pretendia comprá-lo e saí. Disse a ele que o contataria em dois dias para pegar meu dinheiro de volta. Isso nos dava tempo para nos acalmarmos. Dois dias depois, telefonei e dei a ele e a seu gerente um ultimato: ou me devolviam o dinheiro ou eu os processaria. Também dei mais 24 horas para tomarem uma decisão. No dia seguinte, devolveram meu dinheiro. Consegui mais esperando três dias do que conseguiria discutindo uma semana.

Às vezes, as pessoas precisam de tempo para reorganizar seus pensamentos, recompor-se, lidar melhor com seus sentimentos ou descobrir uma solução adequada.

Seja claro sobre o que deseja e de que necessita

- No centro da maioria dos conflitos há sempre um conflito de interesses.[8]

É fácil deixar que um conflito tome seu próprio rumo. Nós nos esquecemos do que estamos discutindo e de resolver o problema. Começamos a discutir apenas por discutir. Às vezes, discutir clareia a situação. Porém, discutir não é mediar conflitos, é discutir.

Certas vezes, não estamos nem mesmo discutindo o verdadeiro problema. Por muitas razões – vergonha, medo, falta de confiança ou de consciência –, o verdadeiro problema fica dissimulado, escondido ou perdido. Certos problemas podem se tornar "proibidos" nos relacionamentos. Podemos não nos sentir seguros o bastante para expormos a questão ou nossos sentimentos em relação a ela. Pode ser um problema tabu, um assunto carregado demais para ser discutido. Podemos sentir vergonha de ter certas dificuldades ou emoções, então concentramos nossa raiva e atenção em algo mais seguro. Ou podemos estar incertos quanto ao verdadeiro problema. Ele pode ser intangível, como: "Sinto que você tem mais poder do que eu nesse relacionamento."[9] Devemos indagar a nós mesmos e ao outro se o que estamos discutindo é o que deveríamos discutir.

Só estamos prontos para negociar depois de compreendermos os objetivos desse ato. Quanto mais tangíveis e específicos formos sobre o que queremos de uma determinada negociação, maior a nossa chance de conseguirmos chegar a um bom acordo.

Considere importantes seus desejos e necessidades, e também os dos outros

- Este é um conceito básico da recuperação.

Quando começamos a nos perder no calor da discussão, devemos parar e nos fazer estas perguntas:

- Por que o outro está agindo desta forma? Do que ele precisa?
- Por que estou agindo desta forma? Do que preciso?
- Existe alguma maneira de resolver o problema e satisfazer os desejos dos dois?
- Existe uma necessidade comum em tudo isso?

Quanto mais emocionalmente carregada é a situação, mais precisamos nos concentrar em nossos objetivos. Talvez seja uma boa ideia escrevê-los antes de negociá-los, para não desviar do assunto.

Saiba separar os problemas das pessoas

- Aceite as pessoas e confronte os problemas.

Não agir assim provoca vergonha, hostilidade, atitudes defensivas e retaliação. Esses sentimentos nos levam a negociações improdutivas. Nossa atitude em relação às pessoas e aos relacionamentos é muito importante quando estamos trabalhando com diferenças. Os relacionamentos não precisam ser destruídos, abandonados ou enfraquecidos só porque surgiu um conflito ou um problema. Ninguém merece ser descartado por causa da ocorrência de problemas.

Comunique-se

- Fale e ouça.

Às vezes, a discussão é a única maneira de se chegar ao âmago da questão – qual é o problema e o que podemos fazer para resolvê-lo? Podemos não saber tanto quanto achamos que sabemos sobre nós mesmos e sobre os outros. Compreender as mensagens de nossa família de origem ajuda bastante.[10]

Um amigo me contou uma história que exemplifica esse ponto. Certo dia, depois de trinta anos de casamento, a mulher explodiu e disse ao marido que queria o divórcio, mas concordou que antes fossem a um conselheiro matrimonial. Durante a primeira consulta, a esposa falou extensamente da raiva que sentia.

– E sabe o que realmente me dá raiva? – disse ela. – Todas as manhãs, quando prepara as torradas, ele me dá a casca. Eu odeio a casca.

O marido então respondeu:

– Faço isso porque a amo. Sempre achei que a casca fosse o melhor da torrada.

Limites saudáveis são cruciais na hora de mediar conflitos

- O ideal é ter limites firmes – nem flexíveis demais, nem rígidos demais.

Precisamos saber quando podemos e quando não podemos ceder. É necessário descobrir nossos desejos e necessidades, e qual é nosso limite máximo. O que é negociável? O que não é?

Sempre abrir mão do que você deseja e do que necessita não é chegar a um consenso

- Precisamos estar constantemente conscientes da tendência de tomar conta dos outros enquanto negligenciamos a nós mesmos.

Esse velho padrão de tomar conta dos problemas dos outros não resolve os nossos; causa raiva e nos transforma em vítimas. Tomar conta não resolve conflitos, mas sim cria outros. Se aprendemos a evitar conflitos forçando a outra pessoa a ceder, não estamos resolvendo-os – estamos apenas os adiando. O custo da paz a qualquer preço é inevitavelmente alto.

Evite os jogos de poder

- Jogos de poder não funcionam.[11] Eles geralmente aumentam os conflitos.

A mãe diz à filha: – Preciso que você tome conta dos seus irmãos neste fim de semana.

Filha: – Você sempre me faz ficar em casa tomando conta deles. Quero sair neste fim de semana.

Mãe: – Não saio há semanas. Você vai ficar em casa neste fim de semana.

Filha: – Se você sair, eu também não vou ficar em casa.

Mãe: – Se você não ficar, vou colocá-la de castigo.

Filha: – Tudo bem. Eu fujo de casa.

Mãe: – Se você fugir de casa, eu chamo a polícia.

O conflito de interesses apareceu rapidamente nessa conversa. Tanto a mãe quanto a filha queriam sair no fim de semana. Em vez de negociar, elas usaram o jogo de poder – cada uma com uma ameaça mais violenta. O que se segue é como elas resolveram o conflito:

Mãe: – Nós duas estamos com raiva e aborrecidas. Estamos dizendo coisas que não queremos dizer. Por que não damos um tempo? Vamos conversar sobre isso mais tarde e ver como poderemos resolver o problema.

Filha (uma hora mais tarde): – O que você acha de eu sair na sexta-feira e ficar em casa no sábado?

Mãe: – Acho ótimo.

Aprenda a reconhecer quando está negociando consigo mesmo

- Uma boa regra é: se pediu três vezes algo a alguém e a pessoa negou, mentiu ou prometeu e não cumpriu, você provavelmente está negociando consigo mesmo. Lembre-se: uma vez não é um padrão.[12]

Algumas pessoas não jogam limpo. Não têm intenção de negociar, mas de sabotar, forçar, manipular ou, de alguma forma, controlar os acontecimentos de maneira que possam fazer o que pretendem. Quando lida com alguém com uma doença compulsiva, você está negociando consigo mesmo.

Quando você se der conta de que está negociando consigo mesmo, isso significa que é hora de estabelecer ou fazer vigorar um limite, ou dar um ultimato. Você não precisa escolher o que precisa fazer para cuidar de si mesmo baseado na premissa de que a outra pessoa não vai mudar seu modo de agir.

Abandone a ingenuidade e o cinismo

- Aprenda a confiar em si próprio, e a tomar boas decisões sobre em quem você pode confiar.

Reserve ultimatos para questões totalmente inegociáveis ou como último recurso da negociação

- É muito comum começar a negociar dando ultimatos.[13] Isso não é eficaz.

Os ultimatos precisam ser usados cuidadosamente. Devemos evitar transformá-los em jogos de poder. Damos ultimatos como uma forma de cuidar de nós mesmos, não de controlar a outra pessoa. Ultimatos seguem o padrão "ou isso, ou aquilo": ou você faz isso, ou eu faço aquilo. Ultimatos eficazes exigem dois ingredientes:

- Um período de tempo razoável, justo e apropriado para a outra pessoa fazer sua parte; e a decisão de ir adiante com a sua alternativa.

Não perca tempo negociando o que não é negociável

- Às vezes, no âmago do conflito estão duas necessidades não negociáveis.

Estabelecemos um limite que não desejamos negociar – não importa o que aconteça, o que alguém nos ofereça, o quanto conversamos ou o quanto compreendemos a outra pessoa. Nosso objetivo talvez não seja negociar; pode ser terminar um relacionamento ou mudá-lo radicalmente. Alguns conflitos não podem ser negociados com sucesso. As pessoas podem não estar dispostas a negociar ou ser incapazes de conseguir uma solução mutuamente satisfatória.

Permita que cada um mantenha seu respeito e sua dignidade

- Mesmo se o relacionamento estiver terminado, seja gentil com seu parceiro; mesmo – e sobretudo – quando você "ganhar". Evite o uso de táticas humilhantes e estenda a mão a cada "fim de jogo".[14]

Não sabemos quando poderemos encontrar essa pessoa de novo, nem sob quais circunstâncias. Devemos nos esforçar para lidar com as pessoas de maneira a sermos respeitados por nossa conduta. Isso não significa recorrermos a táticas de "agradar pessoas". Uma certa pessoa não precisa gostar de nós ou do resultado de nossa negociação. No entanto, podemos fazer com que ela nos respeite pela maneira como a tratamos: justa e dignamente.

Assuma total responsabilidade por seu comportamento

- Nosso comportamento não deve depender de outra pessoa. É preferível que nosso comportamento não seja uma reação ao da outra pessoa.

Se estamos nos recuperando da codependência, mesmo que há pouco tempo, já aprendemos que *não* temos – e enfatizo o *não* – controle sobre outras pessoas e seu comportamento. No entanto, já temos algum controle sobre nós mesmos e nosso comportamento.

Podemos ser responsáveis por nossas ações, mesmo se a outra pessoa não estiver se comportando de modo responsável. Tentamos não permitir que os outros controlem nossa conduta. Na recuperação e no conflito de interesses, estamos aprendendo a nos comportar racional e responsavelmente, porque essa é a conduta que escolhemos e porque fazer isso é realmente benéfico.

Descubra a recompensa ou a lição presente em cada conflito[15]

- Alguns problemas existem só para serem resolvidos; alguns já vêm com uma solução particular; outros trazem uma lição ou uma recompensa de que necessitamos. Seja flexível.

Entre não pedir nada e exigir tudo existe o meio-termo da negociação de conflitos. Só alcançamos esse ponto quando abrimos mão da necessidade de ser perfeitos e corretos e prestamos atenção ao que realmente precisamos – incluindo a necessidade de manter relacionamentos que funcionem.

Pode haver ocasiões em que nos prendemos a argumentos improdutivos ou em que o sentido de um relacionamento muda. Haverá outras em que terminar um relacionamento será o melhor a fazer. Entretanto, a recuperação implica um pouco mais do que pôr fim a uma relação. Às vezes, significa aprender a ficar e lidar com ela. Implica construir e manter relacionamentos que funcionem.

Alguns conflitos podem ser resolvidos de maneira mutuamente satisfatória. Algumas vezes, ambos podemos obter o que realmente queremos – sobretudo quando sabemos o que isso é.

Exercícios

1. Como você costuma reagir a conflitos? Costuma ceder? Os outros geralmente cedem a você? Costuma recorrer à negação ou terminar relacionamentos para evitar conflitos?

2. Você se envolve em jogos de poder – tentando forçar a outra pessoa a se comportar da maneira que você deseja? Como isso funciona? Você está envolvido com alguém que tenta controlá-lo por meio de jogos de poder?
3. Pense em uma ou duas vezes que você negociou conflitos com sucesso. Por sucesso, quero dizer que ambas as partes obtiveram um acordo aceitável. Como você se sentiu? Que atitudes e comportamentos estavam presentes em você?

18
Lidando com o medo de compromissos

> ...permita que eu nunca tenha medo de
> términos ou começos. Ensina-me a
> abraçar tudo da vida com alegria.
>
> – Helen Lesman[1]

— Eu não estava interessada em Greg, mas ele me perseguiu insistentemente – lembra-se Mary. – Recusei seus convites durante dois meses até ceder e concordar em sair com ele. O encontro foi surpreendentemente interessante. Saímos para jantar, depois fomos para a casa dele. Ele falou sobre si, perguntou sobre mim e me ouviu. Não tentou me levar para a cama. Conversamos metade da noite sobre sentimentos. Quando me deixou em casa, beijou-me rapidamente. Que homem maravilhoso, pensei.

Greg continuou a impressionar Mary. Comprava-lhe flores. Oferecia-se para ajudá-la nas tarefas de casa. Levava-a para pescar. Telefonava-lhe sempre, e Mary achou que, se quisesse ligar para ele, também poderia.

– Em dado momento passei a me interessar por ele – diz Mary. – Os beijos passaram a ser sensuais. Greg e eu acabamos indo para a cama. Comecei a me apaixonar por ele, e parecia que ele realmente gostava de mim. Nossa primeira relação sexual foi maravilhosa. Greg era romântico. Eu me sentia romântica. Passamos a noite juntos. No dia seguinte, ele ligou do trabalho para me dizer o quanto havia gostado de estar comigo. Fizemos planos para passar o fim de semana seguinte juntos. Quando ele apareceu, já não era o mesmo homem de quem eu havia começado a gostar. Nós nos sentamos para assistir à televisão, e minha sensação foi de que ele era um prisioneiro na poltrona da minha sala.

Continua Mary:

– A intimidade e os bons sentimentos desapareceram. Acho que algo mudou depois que me interessei por ele. No momento em que me envolvi emocionalmente, Greg deixou de se envolver. Ele ficou emocionalmente distante. Comecei a ficar desesperada, dependente, controladora e com medo. Não sabia o que estava errado. Quando tentei levá-lo a falar sobre isso, ele resmungou algo sobre se sentir estranho quando fazia planos e de como precisava ser livre. Levou menos de uma semana para o "relacionamento" desmoronar. Ele não falava. Não telefonava. Não me sentia à vontade ligando para ele. O que acontecera com o cara legal que partilhara os sentimentos comigo? O que acontecera com o cara que estava tão interessado em mim? Passei uma semana tentando entender o que havia de errado em mim. Então, descobri que meu erro foi ficar interessada por ele. Greg não estava me conquistando apesar do meu desinteresse. Estava me conquistando por causa do meu desinteresse.

A história de Kathryn

Kathryn estava encantada. Havia finalmente economizado o bastante para comprar o carro que desejava. Depois de meses de procura, fechou o negócio. Agora, havia chegado a hora de ir à concessionária buscar seu maravilhoso carro vermelho.

Ela se sentou na sala do gerente de vendas e assinou um documento atrás do outro. À medida que punha sua assinatura em cada documento, sua alegria se transformava em aflição.

Ela se sentia irritada e ansiosa. O vendedor a levou ao carro, abriu a porta e lhe entregou as chaves. Kathryn escorregou até o assento. Quase não ouvia as instruções finais do vendedor.

– Comecei a suar. Minhas mãos tremiam. O vendedor estava parado bem perto de mim, mas sua voz parecia vir de um túnel. Tudo que eu queria era sair dali – contou Kathryn.

Ela deu a volta no quarteirão com o carro, depois retornou ao escritório do gerente de vendas e exigiu que cancelasse o negócio. Ele se recusou. O vendedor estava confuso. O gerente de vendas estava confuso. Tentaram acalmá-la. Quanto mais tentavam, mais nervosa Kathryn ficava.

Kathryn foi ao telefone mais próximo e ligou para seu advogado. Depois de explicar o que havia acontecido da melhor forma possível, Kathryn lhe perguntou como poderia cancelar o negócio. O advogado aconselhou-a a deixar o carro na concessionária se definitivamente não o quisesse. Ela desligou o telefone.

– No instante em que soube que poderia cancelar o negócio, me dei conta de que não queria fazer isso – diz Kathryn. – Que bobagem estava fazendo? Eu realmente queria o carro! Não queria deixá-lo ali. Entrei no meu carro novo e saí dali sentindo-me confusa e embaraçada.

Aquelas duas palavrinhas: "Compromisso" e "relacionamento"

O que aconteceu com Greg e com Kathryn acontece com muitas pessoas: medo de compromisso. Uns chamam isso de sinal dos tempos; outros chamam de sintoma de adultos-crianças. Para alguns não se trata de medo, mas de um pânico que beira a fobia.

Quando pergunto a homens e mulheres o que consideram seus maiores problemas com o sexo oposto, os homens dizem que as mulheres parecem se cansar e perder o interesse se eles demonstram interesse e as tratam bem; as mulheres reclamam que os homens não querem compromisso.

– Medo de compromisso? – diz Allen, que se está recuperando há muitos anos. – Vejo um bando de pessoas agindo assim, chamando isso de várias coisas diferentes.

O problema de tentar lidar com alguém com medo de compromisso, ou de tentar compreender nosso próprio medo, deixa muitos de nós perplexos. Eu costumava brincar que poderia esvaziar uma boate lotada passando pelas mesas e sussurrando duas palavras no ouvido dos homens: "compromisso" e "relacionamento". Dizia que isso assustaria a todos, mas a verdade é que essas palavras também me assustam.

Um compromisso significa dedicar tempo, interesse, cuidado, amor, dinheiro, presença, energia, *nós mesmos* ou qualquer combinação disso a uma pessoa, a um lugar, a um projeto ou a uma coisa por um período específico de tempo. Os compromissos que tememos podem ser pequenos, como terminar um projeto, ou grandes, como caminhar até o altar e dizer: "Aceito." As pessoas podem temer se comprometer em muitas situações: um contrato de aluguel; uma compra mais cara; planos específicos com namorados, amigos ou parentes; associar-se a uma igreja ou sinagoga; um emprego formal; um posto voluntário de longa duração, participar de um conselho de diretores; ou de um relacionamento sério.[2]

Podemos não chamar nosso "medo de compromisso" dessa maneira. Podemos chamá-lo de "gostar de ser livre", "não acreditar num pedaço de papel" ou "gostar de nosso espaço e da liberdade".[3] Porém, a verdade é que: nossa incapacidade de comprometer-nos, seja até que a morte nos separe ou por três horas na sexta-feira à noite, pode estragar nossas chances de alcançar coisas boas.

Muitos de nós temos diferentes graus de medo de compromisso, e cada um sabe o que faz com que suas mãos comecem a tremer e seu coração acelere. Para alguns, o medo se transforma numa intensa reação causada pela sensação de estar preso, engaiolado, carregando um fardo, em débito com alguém ou para sempre e desesperadamente *comprometido*.[4]

"Quando uma pessoa sente algum tipo de ameaça ou perigo, o corpo tem uma maneira muito específica de reagir", escrevem Steven Carter e Julia Sokol em *Men Who Can't Love* [Homens que não conseguem amar], um bom livro sobre os homens que temem compromissos e as mulheres que os amam.

Um medo extremo de compromisso pode produzir diferentes graus de um ou mais dos seguintes sintomas, de acordo com Carter e Sokol:

- Ondas de ansiedade;
- Sensação de pavor;
- Hiperoxigenação;
- Respiração curta;
- Sensação de sufocamento;
- Batimento cardíaco mais forte ou descompassado;
- Distúrbios estomacais;
- Suor ou calafrios.

> Em muitas situações essa resposta é inteiramente apropriada e esperada. Não é surpresa, por exemplo, sentir tais sintomas quando nos deparamos com um cachorro bravo ou um assaltante armado. Porém, geralmente esses mesmos sintomas são disparados por ameaças muito mais sutis, mesmo um objeto ou circunstância de aparência inócua, como um elevador, uma ponte, uma aranha ou um relacionamento. Quando temos uma reação imprópria como essa, quando a reação corporal de medo parece exagerada ou totalmente irracional, chamamos isso de reação fóbica.[5]

Em *Men Who Can't Love* [Homens que não conseguem amar], os autores descrevem os estágios típicos e previsíveis de comportamento de uma pessoa com medo de compromisso:

> O Começo: ele só consegue pensar no quanto a deseja. O Meio: ele sabe que já tem você, e isso o amedronta. O Fim: você o quer, e ele está fugindo assustado. O Amargo Fim: está tudo terminado, e você não sabe por quê.[6]

O medo de compromisso pode acontecer em qualquer estágio de um relacionamento: depois de um primeiro encontro bom; depois da primeira relação sexual; quando a relação se torna mais séria, sobretudo quando duas pessoas decidem viver juntas; ou depois que sobem ao altar e juram amor eterno.[7]

Pode ser confuso e doloroso namorar, amar ou sermos amigos de uma pessoa com esse tipo de medo. Também pode ser confuso e doloroso ser uma pessoa que teme compromissos.

Os amigos podem não entender por que Harry se recusou a fazer planos para sair com eles.

Os parentes podem não compreender por que Jan não quer se comprometer a vir para a ceia de Natal.

Uma pessoa pode não entender por que o namorado que a perseguia tão insistentemente desapareceu, está indiferente ou fugindo dela.

O motivo é que essas pessoas realmente ficam assustadas.

As pessoas com medo de se comprometer não são necessariamente "doentes". Nem são necessariamente aquelas que "vivem atrás de mulheres" ou que "odeiam os homens". São pessoas com medo, às vezes um medo terrível, de se comprometer. Alguns de nós que têm medo de compromisso podem não saber que o têm. Tudo que sabemos é que temos uma sensação incômoda que se suaviza quando nos livramos do compromisso.

Suando frio

A ansiedade produzida pela perspectiva de assumir um determinado compromisso pode ser esmagadora, como o terror experimentado por um claustrofóbico trancado num armário. Livrar-se do compromisso pode ser como o claustrofóbico se libertando do armário. Afastar-se, sair ou se libertar melhora tudo, pois isso é uma reação instintiva de se sentir preso. Uma vez longe e relaxados, podemos nos sentir seguros o suficiente para examinar os sentimentos que nos levaram ao compromisso. Podemos descobrir que realmente desejamos a pessoa ou aquilo de que fugimos.[8]

– Marsha e eu saímos durante meses – diz Tom. – Parecia que nunca conseguíamos ficar juntos o bastante. Fizemos planos para morar juntos. Eu mal podia esperar. Mas, no dia em que deveria me mudar para a casa dela, algo aconteceu dentro de mim. Entrei em pânico. Forcei a mim mesmo a fazer a mudança. Fui para a casa de Marsha, mas deixei minhas malas no carro. Não consegui levar uma peça de mobília comigo.

Continua Tom:

– Todos os dias eu tirava o que precisava do carro. Vagarosamente, acumulei umas poucas coisas na casa, mas nunca me mudei completamente. Saía de casa para trabalhar às 5h30. Chegava à academia de ginástica dez minutos antes de abrir! Chegava em casa tarde, só na hora de ir para a cama. Marsha teve paciência durante algum tempo; depois começou a reclamar. Acusei-a de ser exigente demais. Ela disse que não ia exigir nada de mim porque eu estava só de conversa-fiada. Eu disse que estava tudo bem, que de qualquer modo queria meu espaço e minha liberdade. Saí de lá. No momento em que consegui meu espaço e minha liberdade, tudo o que queria era estar com Marsha. Estava pronto para me comprometer. Mas Marsha não estava. Isso foi há meses, e não estamos mais juntos.

O aspecto intrigante e doloroso sobre estar num relacionamento com uma pessoa que teme compromisso é o seguinte: o medo surge quando a relação está no auge, no seu melhor ou no maior ponto de aproximação.[9] Quando o relacionamento ainda não está indo muito bem ou a outra pessoa não está envolvida, aquele que tem medo de compromisso se sente seguro o bastante para estar interessado. Não se sente ameaçado. A pessoa com medo de se comprometer só pode estar "dentro" da relação se a outra pessoa estiver "fora". Quando o outro passa para "dentro", a pessoa com medo de compromisso volta para "fora". Às vezes, quem tem esse medo escolhe para um relacionamento alguém com quem sabe que não irá (ou não poderá) se comprometer. Assim, quando chega a hora de cair fora, a desculpa está pronta.[10]

Outros fatores que contribuem para o medo de compromisso

Nosso medo de compromisso pode estar interligado com o receio de intimidade e proximidade, problemas de vergonha não resolvidos, um compromisso anterior que não deu certo, insegurança ou o fato de não confiar em si para cuidar de sua própria vida. O medo de compromisso pode ser causado por limites fracos, temor de perder o controle, ansiedade sobre nossa capacidade de manter nossas promessas, culpa não resolvida sobre promessas violadas, medo de sermos feridos ou de estarmos caindo numa arapuca.

Muitas das pessoas e situações com que convivemos podem ser em boa parte a causa de nosso medo de compromissos. Alguns de nós passamos anos nos comprometendo em excesso e nos desdobrando. Podemos reagir a essa tendência nos recusando a nos comprometer com qualquer coisa. Nossa tendência de nos envolvermos com pessoas que usam nosso comprometimento e lealdade contra nós pode nos levar a ter medo de compromissos.

– Eu estava tão comprometida com meu casamento e meu marido – diz Darlene – que costumava dizer brincando que o amor é uma palavra de 11 letras que se soletra assim: c-o-m-p-r-o-m-i-s-s-o. O problema era que meu marido não estava comprometido. Ele me traía e mentia para mim. Ele achava que eu sempre honraria meu compromisso, independentemente do que ele fizesse. Estava quase certo. Foi difícil para mim desfazer meus votos de casamento. Vai levar um bom tempo até que eu volte a estabelecer esse tipo de compromisso.

Às vezes, nosso medo de nos comprometer não é problema nosso. É uma reação instintiva a questões não resolvidas de desespero e dependência na outra pessoa.[11]

Não confiar em nós mesmos e nas nossas escolhas pode nos causar medo de assumir um compromisso a longo ou mesmo a curto prazo. Alguns de nós não tivemos proteção, permissão, cuidados e exemplos suficientes para aprender que podemos cumprir uma promessa e nos sentir bem fazendo isso.

Alguns de nós temos um "distúrbio" mental quanto ao que constitui um compromisso. Confundimos aceitar um convite para dançar com aceitar uma proposta de casamento. Temos medo de qualquer coisa que remotamente se pareça com "para sempre". Assim, um ano, um mês ou uma noite podem parecer uma eternidade, sobretudo se tendemos a nos "perder" em outras pessoas.

Alguns de nós podemos ficar com tanto medo de terminar um relacionamento quanto de começar um.[12] Alguns casais permanecem sempre distantes, com medo de se comprometerem de alguma forma.

– Karen queria um relacionamento comigo – conta Ralph –, até que me peguei interessado nela. Quando deixei de fugir, Karen começou a fazer isso. Estamos nisso há dois anos. Quando um de nós chega muito perto, o outro se afasta. Mas, no momento em que um de nós se afasta demais, o outro se aproxima. Não podemos parecer dentro, tampouco fora.

Mas há uma boa notícia: cada um de nós trabalha o medo de compromisso a seu próprio tempo e ritmo. Cada um pode descobrir o que seus temores estão tentando dizer.

Às vezes, nossos instintos estão nos dizendo que não queremos nos comprometer. Nem todos os relacionamentos são feitos para durar eternamente. Alguns são de cura, alguns são temporários e outros são "de treinamento".[13] Podemos dar valor à amizade e apreciar as experiências de aprendizagem, mas não precisamos nos casar com todo mundo com quem saímos.[14]

Algumas vezes, nosso medo indica que ainda não estamos prontos para nos comprometer com algo ou alguém. Já vi casais permanecerem anos em distanciamento e depois decidirem:

– Pronto. É hora de parar com isso e nos casarmos.

Já vi pessoas que num mês se recusam a se comprometer com alguém, e no mês seguinte mudam de ideia, assumem um compromisso e se sentem satisfeitas por isso.

Já vi pessoas se comprometerem e se arrependerem por causa disso.

Também já vi pessoas desesperadas num ano, porque amavam alguém que não queria se comprometer com elas; e, no ano seguinte, alegravam-se porque viam que aquele relacionamento teria sido um desastre.

Não há uma maneira correta de se lidar com o medo de compromisso. Cada situação requer uma análise individual. Às vezes, nosso medo assinala que determinada ação é errada para nós, ou é apenas o receio de nos entregarmos a algo novo. Outras vezes, é uma reação a uma decisão que parece nos comprometer por um prazo longo demais, ou talvez equivocada.

Quando a outra pessoa tem medo de se comprometer

Pode ser "enlouquecedor" amar ou se importar com alguém que tem medo de compromisso. Pode disparar em nós todo tipo de reações de codependência – desde o desespero até imaginar "o que está errado comigo?".

Quando amamos alguém que tem medo de compromisso, nossas piores reações geralmente são as instintivas: nos ofender com facilidade, tentar fazer com que ele ou ela se sinta culpado e nos tornar agressivos, carentes ou exigentes. Se a outra pessoa se sente presa, nossa tendência de ficarmos exigentes, controladores ou desesperados faz com que ela se sinta ainda mais presa. O melhor que podemos fazer é permitir que aquela pessoa tenha seus sentimentos, sem culpa ou vergonha. Em outras palavras, devemos nos desligar, permitindo a nosso parceiro escolher o que fazer. Então, nos concentramos em cuidar de nós mesmos.[15] Apesar de tudo, chega uma hora, como parte de nosso cuidado próprio, em que esperamos das pessoas determinadas atitudes, inclusive o compromisso de um relacionamento. Quando for apropriado, podemos precisar estabelecer limites e apresentar ultimatos.[16]

Se o relacionamento é bom e está avançando, podemos ser pacientes. Se a pessoa está agindo comprometidamente, mas tem medo de verbalizar esse compromisso, devemos ser pacientes.[17] É normal sentir algum medo e fazer algumas considerações sobre compromissos. Se o relacionamento não é bom, lembre-se de que o compromisso não vai mudá-lo. O casamento ou compromisso é uma continuação, não uma cura.

Se normalmente nos sentimos atraídos por pessoas que se recusam a estabelecer compromissos, devemos nos questionar se não somos atraídos exatamente pela sua indisponibilidade. Para alguns de nós, é bom examinar também se nosso desespero ou dependência não estará levando as pessoas a fugirem de nós.

Medo de compromisso

Se estamos com medo de compromisso, o primeiro passo para lidar com esse sentimento é nos tornarmos conscientes dele.

Lute para compreendê-lo. Como com todos os sentimentos, precisamos prestar atenção a ele, mas não deixar que nos controle. Às vezes, o simples fato de nos conscientizarmos sobre esse processo pode nos ajudar a descobrir como lidar com ele. Pôr as coisas para fora sempre ajuda.

– Sei que vou ficar apavorado quando assumir um compromisso – diz um homem. – Tento tomar decisões com muito cuidado. Vou devagar para saber que estou fazendo o que realmente desejo. Depois de me comprometer, dou a mim mesmo alguns dias para entrar em parafuso. Permito-me atravessar o pânico, porque sei que acabarei me acalmando.

A chave é saber o que queremos e o que não queremos perder, e confiar nisso. Para tanto, devemos nos conhecer, confiar em nós mesmos e ouvir nossa voz interior. Chega uma hora em que temos o que queremos, e aí devemos nos comprometer com isso. Cada um de nós que teme compromisso deve compreender que, à medida que progredimos na vida, vamos perder algumas coisas se não estivermos dispostos a nos comprometer.[18]

Perderemos certos empregos e oportunidades. Perderemos a proximidade e as horas alegres com os amigos e a família se não tivermos desejos de fazer planos. Podemos perder nossos amigos, pois as amizades exigem compromisso. Deixaremos de ter certas coisas. Se não nos comprometermos com igrejas ou outras organizações, não poderemos participar delas. Se não nos envolvermos com projetos, perderemos a emoção de obter realizações que valem a pena. Perderemos na recuperação, se não pudermos nos comprometer com isso. Perderemos a confiança e a autoestima que vêm de saber que podemos estabelecer e cumprir um compromisso. Podemos perder um relacionamento amoroso que pode ser bom e durar a vida inteira.

Deixe-me parafrasear um comentário do reverendo Robert Schuller que ouvi há anos: em cada coisa, deveremos nos comprometer três vezes – no começo, quando é novidade; no meio, quando é necessário trabalho duro; e no fim, quando precisaremos daquele ímpeto final para ultrapassar a linha de chegada.[19]

Às vezes, você pode estar se comprometendo com coisas que não são as melhores para você. Assumir um compromisso não requer desistir de seu comprometimento máximo – de amar e cuidar de você mesmo. Converse com as pessoas. Confie em seu Poder Superior. No entanto, não se esqueça de confiar em si mesmo. Pese o que você deseja contra o que está disposto a dar. Se quiser algo, há um preço a pagar, e esse preço é se comprometer. Tenho medo de compromisso tanto quanto qualquer pessoa. É possível que tenha mais medo do que a maioria. Porém, aprendi uma coisa: apesar de meus medos, minhas mãos trêmulas, minha respiração acelerada e ansiedade, me comprometerei e seguirei adiante quando estiver pronta, quando chegar a hora e quando quiser.

Você também pode.

Exercícios

1. Você conhece alguém que tenha medo de se comprometer? Como a incapacidade dessa pessoa afeta você?
2. Como você age quanto a assumir compromissos? Qual é seu histórico de compromissos e relacionamentos, organizações e compras? Já perdeu alguém ou algo porque não conseguia ou não queria se comprometer? Já teve um ataque de pânico depois de se comprometer? Que compromissos você assumiu em relação aos quais tenha se sentido bem?

19
Partilhando a recuperação com nossos filhos

As crianças são dádivas, se as aceitarmos.

– Kathleen Tierney Crilly[1]

— Meu marido finalmente está se recuperando. Também venho me recuperando já há algum tempo. Agora, o que posso fazer por meus filhos? Do que precisam? Se estamos nos recuperando, as crianças precisam de mais alguma coisa?

As pessoas costumam fazer essas perguntas. Eu já as fiz. Este livro e esta seção sobre relacionamentos não estariam completos se não tratássemos desse assunto. Para os profissionais da área de recuperação, isso tem se tornado uma preocupação crescente. É um assunto que envolve muitas pessoas em recuperação e com filhos. É uma questão importante que envolve nossos filhos.

Já concluímos que a codependência e os problemas de adultos-crianças são progressivos. Sabemos que uma coisa leva à outra e, sem a recuperação, tudo piora. Sabemos que muitas pessoas que reconhecem a si mesmas como adultas-crianças e codependentes desenvolvem problemas de dependência química e de saúde relacionados ao estresse, tendem a ter distúrbios mentais ou emocionais e, às vezes, pensam em suicídio, tentam ou cometem-no. Sabemos que os adultos-crianças e os codependentes tendem a ter problemas em seus relacionamentos e em outras áreas da vida. Também reconhecemos que a codependência e os problemas de adultos-crianças se transformam em hábitos autodestrutivos que "fogem do controle". Sabemos que muitos codependentes e adultos-crianças sofrem abusos verbais e físicos, até sexuais. Aprendemos que cada pessoa afetada pelos problemas de outra, incluindo o alcoolismo, precisa encontrar seu próprio programa de recuperação, à parte daquele de qualquer outra pessoa.[2]

Naturalmente, os filhos precisam de mais alguma coisa. Não nos faz nenhum bem se alguém está se recuperando e nós não. Se nossos filhos convivem com pais alcoólicos ativos, viciados em sexo ou comida, com problemas não resolvidos de adultos-crianças, ou que não têm capacidade de lidar com sentimentos e de ser carinhosos, então eles também podem herdar esses problemas. Se nossos filhos têm vivido com pais que sofrem, provavelmente eles também estarão sofrendo.

Eles podem não demonstrar ou falar sobre isso. Quem sofre geralmente não demonstra seu sofrimento. Talvez eles nem se deem conta disso. Pode ser que não vejamos ou não queiramos ver isso. *Porém, podemos saber.* Podemos saber disso com tanta certeza quanto sabemos a intensidade do nosso sofrimento com esse problema chamado "codependência".

Nem todas as crianças de uma família desajustada terão problemas em sua vida, mas muitas os terão. Algumas se adaptarão e agradarão às pessoas até se cansarem, quando adultas. Algumas não saberão que têm problemas até que tenham lutado por bastante tempo, ao longo da vida e dos relacionamentos para compreender que não estão se dando bem. Outras acabarão, ainda muito jovens, em prisões, instituições de doentes mentais e necrotérios.[3]

Nossa recuperação chegou a um bom momento. Nós chegamos a um bom momento. Sabemos que nossos problemas eram dolorosamente reais. Cada um de nós sabe muito bem quanto os problemas afetaram nossas vidas. Um dia – e talvez esse dia já tenha chegado – despertaremos, pensando por que estávamos esperando nossos filhos crescerem para dar-lhes a esperança da cura e da recuperação.

Imaginaremos por que estamos limitando nossos esforços "preventivos" à educação escolar sobre os efeitos de certas drogas. É importante saber que a anfetamina e a cocaína podem elevar nossa pressão sanguínea. Também é importante saber que viver com um alcoólico ou um viciado em drogas pode elevar nossa pressão sanguínea. Quando quis pôr fim à minha vida, quando estava certa de que havia algo fundamentalmente errado comigo, quando suspeitei que estava louca, quando perdi a esperança, precisei aprender sobre mim, sobre a codependência, sobre a recuperação e sobre o amor-próprio.

Não precisamos esperar que nossos filhos fiquem viciados ou tenham problemas para intervirmos. Não precisamos esperar até que nossos filhos se odeiem para começarmos a ensiná-los a amar a si mesmos.

O propósito deste capítulo não é culpar ou envergonhar. Podemos fazer isso sozinhos. Minha intenção é nos encorajar a examinar o que estamos fazendo e a mudar o que for necessário. Certamente, não podemos impedir todas as crianças de se transformarem em adolescentes ou adultos problemáticos. Entretanto, podemos ajudá-las.

Já melhoramos muito no tratamento da codependência e de problemas de adultos-crianças. Progredimos ainda mais em relação ao álcool e a outros problemas de vício em drogas. No entanto, é fácil esquecer que ainda estamos nos estágios preliminares de compreender e tratar o alcoolismo e outros vícios e um leque de distúrbios emocionais e de comportamento.

Já levantamos a cabeça. Paramos de negar muitos de nossos problemas. Demos um passo à frente e agora estamos tratando dessas dificuldades ativamente, e em alguns casos agressivamente, da melhor maneira que podemos. Nosso melhor é tudo o que podemos fazer. É bom o bastante, por hoje. Porém, fazer nosso melhor significa avaliar o que estamos fazendo e mudar o que acharmos necessário na hora certa.

Isso se chama crescimento.

Quando viajo pelo país, conhecendo pessoas em grupos de recuperação em cidades pequenas, médias e grandes, em todas as regiões, faço as seguintes perguntas: O que você está fazendo pelos seus filhos? Tem dado algo para eles? Como isso está funcionando? Você vai fazer mais alguma coisa? O quê? E quando?

As pessoas têm me falado sobre programas já em operação ou nos estágios de planejamento. A equipe do programa de tratamento de dependência química fala de sua sorte em contar com alguém comprometido a trabalhar com crianças. Tenho ouvido falar de planos de colônias de férias, de programas escolares que intervêm de maneira não agressiva na vida de crianças de alto risco, provenientes de famílias desajustadas ou de centros de tratamento que oferecem grupos para as crianças.

Já temos a Associação Nacional para Crianças Filhas de Alcoólicos. Já temos agências como Children Are People (Crianças São Pessoas), Inc., em St. Paul, e Rainbow Days (Dias de Arco-Íris), Inc., em Dallas. Esses programas transmitem diligentemente a mensagem da recuperação para essas crianças, que realmente merecem atenção. Ouço ainda algo mais, algo que não é dito: *estamos à beira de fazer grandes descobertas no sentido de nos aproximar de nossos filhos, mas ainda há muito mais a ser feito.*

Do que as crianças necessitam para sua recuperação

O que podemos fazer em nossas famílias, escolas e comunidades para alcançarmos as crianças? Do que elas necessitam? Do mesmo que necessitávamos em sua idade. As crianças precisam perder sua invisibilidade. Devem ser reconhecidas como pessoas que precisam de seu próprio processo de cicatrização.

Ajudou-nos quando alguém que amamos mudou, mesmo se foi pra melhor? Isso pode ter nos confundido, se não nos foram dadas ajuda e esperança. Geralmente, as crianças que vinham se comportando bem quando os pais bebiam ou tinham problemas começaram a se comportar mal quando a mãe e o pai iniciaram a recuperação.[4]

As crianças precisam saber sobre os efeitos do álcool e de outras drogas, mas também precisam aprender como deixar de sentir dor. Elas precisam aprender a amar, a se cuidar e a aceitar a si mesmas. Precisam saber que os problemas de família não são seus problemas. Precisam compreender que têm reagido, se protegido e tomado conta de si mesmas da melhor e mais lógica forma que podiam. Também precisam saber que alguns de seus esforços para se libertar da dor não funcionam; alguns comportamentos criam mais dor. Precisam conhecer as opções.

Elas precisam reconhecer, aceitar, amar e assumir seu poder. Precisam de tempo para cicatrizar sentimentos dolorosos demais. Precisam de novas mensagens para motivar comportamentos mais saudáveis. Precisam aprender a se controlar e a se cuidar, além de aprender as alternativas.

Precisamos convencê-las de que são adoráveis. Precisamos ajudá-las a se convencerem de que são adoráveis. Precisam aprender a diferenciar a vergonha da culpa e saber como lidar com ambas. Precisam aprender a deixar de ter vergonha e começar a ter disciplina e limites saudáveis.

Precisam aprender a se libertar e a se afastar da loucura antes que sejam levados por ela. Precisam aprender a lidar com a raiva, mas abandonando seus ressentimentos. Precisam aprender que comida, sexo, álcool e outras drogas não fazem a dor passar. *Nós* precisamos saber que, se elas estão se enchendo dessas substâncias ou tendo um comportamento compulsivo, é porque estão tentando nos dizer que estão sofrendo. As meninas promíscuas de 13 anos não são más; elas provavelmente sofreram abusos sexuais e estão tentando dizer isso a alguém. Precisamos de famílias, igrejas, escolas e comunidades de pessoas sadias para que nossos filhos tenham exemplos de adultos saudáveis com quem conviver. Eles precisam estar cercados de pessoas que desfrutam a vida e fazem seu próprio trabalho de recuperação, para que possam ver como a vida boa e saudável nos faz sentir bem.

Nossos filhos precisam de pais que sejam exemplos de intimidade, de amizade, de como expressar sentimentos e resolver problemas, de alegria e de amor-próprio. Precisam aprender a superar os antigos padrões não saudáveis e a buscar novos modelos. Precisam saber que são especiais. Precisam começar a afirmar a si mesmos e a tudo que há de especial neles.

Podemos ajudá-los. Primeiro, precisamos nos livrar da dor. Precisamos começar nosso trabalho de recuperação e continuá-lo. Depois, precisamos ensinar a nossos filhos como amarem a si mesmos. Só podemos fazer isso se aprendermos a amar a nós mesmos. Na verdade, podemos aprender muito sobre amar a nós mesmos pela maneira com que lidamos com as crianças.

Não culparemos nem envergonharemos as crianças pelos problemas de seus pais. Não podemos ser duros com elas. Faremos tudo o que pudermos para fazê-las se sentirem seguras, amadas e boas. Daremos a elas amor carinhoso, cuidadoso e incondicional, equilibrado com a disciplina. Ensinaremos a todas que jamais devem fazer algo que possa magoar a elas mesmas, jamais, pois elas são muito especiais. Também as ensinaremos a desenvolverem uma ligação positiva com um Poder Superior, com outras pessoas e consigo mesmas. Ensinaremos a elas a ouvirem e a confiarem em si mesmas. Se ensinarmos a nossos filhos esses conceitos, poderemos ficar confiantes de que crescerão como pessoas que amam a si próprias e aos outros, porque essas duas ações estão interligadas de forma absoluta e irrevogável.

Uma vez que aprendemos a dar à criança que existe dentro de nós os mesmos cuidados dos quais nossos filhos necessitam, saberemos como lidar com eles.

– Existe realmente qualquer esperança para as famílias e as crianças? – perguntou-me uma mulher. – Ou estamos todos condenados a continuar com nossas patologias e passá-las adiante?

Respondo: Sim, há esperança para nossas famílias, para nossos filhos e para nós mesmos. Acredito na recuperação, em modificar vidas e nas crianças. Até acredito na infância. Meus filhos e eu estamos aprendendo. Tem sido um processo difícil, mas tem valido a pena. Juntos, estamos melhorando a cada dia.

Estamos ganhando muito. Vamos partilhar um pouco disso com nossos filhos.

Exercício

1. O que você pode fazer para ajudar seus filhos a terem mais autoestima?

Parte V

Seguindo adiante

Não importa como nos sentimos,
estamos seguindo em frente.
Não importa quão bem nos sentimos,
o melhor ainda está por vir.

20
Trabalhando um (ou mais) programas(s)

> – O Al-Anon é mais do que uma
> Sociedade de Assistência a Senhoras ou uma
> reunião de assistência a mulheres – disse ela.
> – É aonde vou para continuar nos trilhos.
>
> – Anônimo

— Não consigo descobrir o que está errado – disse Jane. – Eu me sinto desligada das pessoas e de Deus. Estou preocupada e assustada. Estou tendo problemas para dormir. E me sinto tão impotente. O que está acontecendo?

Disse-lhe que parecia codependência e perguntei se ela ia às reuniões de Al-Anon.

– Não – disse dela. – Por que deveria ir? Não estou mais vivendo com um alcoólico.

– Também não estou mais vivendo com um alcoólico – respondi –, mas ainda estou vivendo comigo mesma, por isso ainda vou às reuniões.

Não importa a quem tenhamos começado a reagir, a codependência foge do controle. Acredito que nosso compromisso com cuidado próprio e com amor-próprio pode durar a vida inteira. Podemos precisar sempre prestar atenção a nossos comportamentos, atitudes e emoções. Uma boa forma de fazer isso é, regularmente, investir tempo e energia em nossos problemas de recuperação.

Isso significa que *temos* que frequentar as reuniões ou grupos toda a nossa vida? Não, acho que *desejaremos* fazer isso.

Embora eu seja uma defensora em particular dos grupos dos Doze Passos como um bom método para a recuperação, outros grupos também oferecem ajuda e esperança a quem se recupera da codependência e de problemas de adultos-crianças. Seja lá o que escolhermos, este capítulo é sobre nossa necessidade de continuarmos a trabalhar nisso.

Existem duas ideias centrais em trabalhar com um desses programas: a primeira é frequentar as reuniões e nos envolver com outras pessoas em recuperação; a segunda é seguir um programa.

Precisamos frequentar grupos ou reuniões, ou encontrar alguma forma de estarmos envolvidos com outras pessoas em recuperação que tenham problemas e objetivos similares. Se tentamos nos recuperar em isolamento, o que estamos fazendo provavelmente não é nos recuperar. Precisamos envolver-nos com outras pessoas em recuperação. Necessitamos de apoio, encorajamento, companheirismo e informação. Podemos saber de algo em nossas mentes, mas ouvir essa informação de mais alguém ajuda a gravá-la em nosso coração. Um benefício de nosso envolvimento com pessoas e grupos é que passamos a "pertencer".

– Cresci numa família desajustada. Nunca me senti como se pertencesse a algum lugar. Uma coisa de que gosto em meu grupo de apoio é que finalmente me sinto parte de algo – diz uma mulher.

– Mas eu não consigo encontrar um bom grupo de apoio! – objetam algumas pessoas.

Alguns grupos de apoio estão nos estágios iniciais e lhes faltam o foco, a consistência e a força encontrada em grupos "mais antigos". Outros ainda estão tropeçando. Alguns consistem de pessoas que vão às reuniões e fazem o que ali deveriam estar aprendendo a deixar de fazer: tomar conta e controlar.

No entanto, também existem muitos grupos bons. Procure até encontrar um. Se um grupo não estiver bom, você não precisa ficar preso ou abandonar sua recuperação. Pode dar suas opiniões, sugerir alternativas ou procurar outro grupo.

Encontrando um orientador

Como parte de ir às reuniões e ter contato com outras pessoas em recuperação, você também encontrará um orientador. Um orientador é alguém com quem você desenvolve um relacionamento especial. Uma relação em que você possa procurar essa pessoa quando precisar de apoio. Se você está se recuperando já há algum tempo, provavelmente está na hora de orientar alguém. As pessoas em recuperação precisam "dar" o que receberam. É assim que funciona.

Quantos grupos precisamos frequentar?

Se temos um problema de dependência química, de adultos-crianças ou de codependência, o vício será sempre o problema principal que necessita de seu próprio programa de recuperação. Nossos problemas de codependência também.

Quando comecei a me recuperar da dependência química, ouvi muito sobre como a sobriedade era mais do que apenas permanecer na linha ou sem beber. Significava lidar com tudo relacionado à nossa doença, com os problemas que estavam lá antes de começarmos a beber ou a usar outras drogas. Agora, acredito que o que existe por trás do meu alcoolismo é a codependência.

Algumas pessoas iniciam a jornada de recuperação indo ao Al-Anon, depois passam para o AA. Outras começam frequentando o AA, mais tarde mudam para o Al-Anon. Muitos de nós precisamos frequentar ambos. No final das contas, a recuperação é um grande grupo chamado "vidas e relacionamentos que funcionam". Fazemos o que precisamos para nos tornar saudáveis e assim continuar.

Algumas pessoas vão a uma ou duas reuniões por semana para a dependência química, e a uma por semana para problemas de codependência. Outras vão a uma reunião por semana para problemas de dependência química e a duas para problemas de codependência. Algumas pessoas que se recuperam somente de problemas de codependência vão a uma reunião por semana; outras vão a uma por mês. Seja lá o que for necessário para nos mantermos na linha, é isso o que fazemos. Isso também é verdade para qualquer combinação de problemas que enfrentamos.

Cada um de nós precisa encontrar o número e os tipos de grupos que funcionem para nós. Nos estágios iniciais da recuperação, podemos ir a mais reuniões. Em épocas mais estressantes, ir a mais reuniões do que o normal ajuda. No entanto, o propósito da recuperação não é passarmos a vida sentados em grupos, mas frequentarmos tantos quantos forem necessários para conseguirmos ficar saudáveis e continuarmos assim para levar a vida de maneira que funcione.

A segunda ideia importante para a contínua recuperação é "trabalhar um programa". Precisamos fazer mais do que nos sentarmos em grupos e conversar um com o outro. Devemos fazer nosso próprio trabalho. Precisamos fazer nossa parte. Isso significa aplicar os temas e os conceitos da recuperação, assim como os Doze Passos, a *nós mesmos*.

– Estou em um grupo de Doze Passos destinado a filhos de alcoólicos – disse-me uma mulher. – Sabe de uma coisa? Descobrimos que o crescimento mais espetacular ocorre quando trabalhamos os Passos.

Tentamos fazer algo a cada dia visando à recuperação. Esse algo pode ser rápido: fazer a meditação diária, fazer uma afirmação como "eu te amo" quando nos olhamos no espelho, ou pedir a nosso Poder Superior para eliminar defeitos de caráter como a vergonha e a baixa autoestima.

Isso requer um trabalho árduo. Podemos fazer um inventário de nossa vida ou de nossos relacionamentos. Podemos fazer uma difícil correção de algum problema. Podemos nos sentar e partir para nosso trabalho de família de origem, decifrando nossas mensagens destrutivas e criando outras novas e saudáveis para nós mesmos.

Entretanto, faça algo a cada dia. Independentemente de o que estiver fazendo levar cinco minutos ou cinco horas, tente se sentir bem quanto a isso. Diga a si mesmo que é realmente bom que você esteja se amando o bastante para fazer isso para si próprio. Diga a si mesmo que é bom que esteja seguindo em frente, porque é o que está fazendo. Diga a si mesmo que é certo estar exatamente onde você está hoje – porque essa é a verdade.

Em alguns dias, nós nos saímos particularmente bem. Podemos recusar com segurança o convite de alguém para sermos codependentes. Lidamos de modo correto com um determinado conflito ou sentimento. Temos alguns momentos de intimidade ou proximidade. Podemos comprar algo especial para nós, sem depois estragar tudo achando que não merecemos isso.

Em certos dias, talvez precisemos olhar mais de perto para nos dar conta do caminho já percorrido. Talvez tenhamos tirado um tempo para descansar quando estávamos cansados ou tenhamos feito a Oração da Serenidade durante um momento difícil. Ou a situação ficou complicada e nos desligamos quando notamos que estávamos ficando obcecados.

Em nossos piores dias, ainda devemos procurar algum passo que demos em direção à recuperação. Às vezes, o melhor que podemos fazer é nos sentir bem quanto ao que não fizemos. Congratulamo-nos porque não corremos para o bar mais próximo e nos apaixonamos por um alcoólico. Para alguns de nós, isso é realmente um progresso que não deve ser desprezado nos dias difíceis.

Todos os dias contam. Acredite na recuperação. Nossos dias e experiências podem ser diferentes e melhores. O processo de melhora está acontecendo neste minuto, neste instante em nossa vida.

Alguém certa vez me perguntou se eu estava "no processo". Acho que a pessoa queria saber se eu ainda estava fazendo meu próprio trabalho de recuperação, o quanto eu já tinha feito e o quanto minha vida ainda é maluca hoje, comparada ao que era ontem. Respondi desta forma:

– Houve um tempo em que a vida era sobretudo dores e problemas, e ocasionalmente acontecia algo bom. Eu costumava brincar sobre ter que passar por dez experiências ruins até que algo bom acontecesse, e como essa coisa boa parecia pequenina comparada às más. Mas isso não era piada. Eu sofria a maior parte do tempo. Em algum lugar, algo mudou. O disco virou do lado negativo para o positivo. Ainda tenho dias ruins. Às vezes, ainda sinto dor e medo. Mas a dor permanente, com a qual vivi a maior parte da minha vida, acabou. Está tão distante que mal posso me lembrar dela. É como um parto: a dor era tanta que parecia que nunca ia acabar, mas, quando terminou, eu mal podia me lembrar dela.

Ainda estou no processo. Sim. Provavelmente estarei a vida inteira, porque é isso que a vida e a recuperação são. A diferença é que agora a vida é quase sempre boa, com alguns problemas. Na maior parte do tempo, ensolarada, com um pouco de chuva. E não sei o quanto ela pode se tornar ainda melhor.

21
Permitindo que as coisas boas aconteçam

> Tudo que já vi me leva a acreditar no
> Criador por tudo que não vi.
>
> – Ralph Waldo Emerson.[1]

Certo dia, uma amiga e eu estávamos conversando. Ela estava frustrada, porque algo não estava funcionando como ela desejara e planejara.

– Sigo o meu programa; confio em Deus; cumpro a minha parte – disse ela. – No entanto, quanto mais, *quanto mais* terei ainda que me libertar?

Pensei em sua pergunta. Pensei na minha vida.

– Não sei muito bem, mas talvez precisemos nos libertar de tudo – respondi-lhe.

Vamos nos concentrar por um momento na parte espiritual do programa. Uso a palavra *espiritual* em vez de *religiosa*. Embora para muitos de nós frequentar uma igreja seja uma parte importante da vida e da recuperação, não estou falando sobre isso. Estou falando sobre encontrar um relacionamento pessoal com um Poder Superior, *Deus como O compreendemos*. Estou falando sobre encontrar a "igreja" dentro de nós.

Nossa jornada envolve muitas áreas da vida, mas é primeiro algo espiritual. Precisamos de pessoas nesta jornada, e também de um Criador, para tomar conta de nós, nos guiar e nos ajudar. Não podemos nos recuperar isolados de outras pessoas e chamar isso de recuperação; não podemos nos recuperar isolados de um Poder Superior, ou de nosso espírito, e chamar isso de recuperação. Nosso espírito é tanto parte de "nós" quanto nosso corpo, nossa mente e nossas emoções.

Não importa que rumo tomamos para a recuperação; a única maneira de trilhar esse caminho é desimpedindo-o. Os dois comportamentos de recuperação mais importantes são a entrega e a libertação. Não praticamos esses atos em isolamento, mas sim com a colaboração de um Poder Superior. Precisamos de um *Poder maior do que nós mesmos* para nos entregar e nos libertar. Precisamos saber que nosso Poder Superior nos ama e toma conta de nós, e cuida dos maiores e menores detalhes de nossa vida.

O que é se entregar? O que significa "deixar fluir"? Entregar-se é aceitar; deixar fluir é se soltar. Entregar-se é reconhecer a autoridade de um Poder Superior; deixar fluir é confiar em Sua autoridade.

Do que precisamos para nos entregar e deixar tudo fluir? De nosso passado, presente e futuro. De nossa raiva, ressentimentos, medos, esperanças e sonhos. De nossos fracassos, sucessos, ódio, amor e desejos. Liberamos *nossas* urgências, nossos desejos, tristezas e alegrias. Liberamos nossas antigas e novas mensagens, nossos defeitos e nossas qualidades. Também liberamos as pessoas, as coisas e, às vezes, a nós mesmos. Precisamos permitir as mudanças, a natureza cíclica do amor, a recuperação; e a própria vida.

Libertamo-nos da culpa e da vergonha de não sermos bons o bastante, e damos vazão ao desejo de sermos melhores e mais saudáveis. Liberamos as coisas que funcionam e as que não funcionam, o que fizemos e o que não fizemos. Deixamos de nos prender a nossos relacionamentos malsucedidos e a nossos relacionamentos saudáveis. Libertamos o bom, o ruim, o doloroso, o alegre e o excitante. Entregamo-nos às nossas necessidades e as deixamos livres. Geralmente, temos uma necessidade oculta de sentir dor e sofrimento por causa de nossos relacionamentos fracassados. Podemos nos libertar disso, também.[2,3] Tudo isso deve ir embora.

Entregar-nos não significa que deixamos de desejar o bom. Significa que, depois de reconhecermos nossos desejos, abrimos mão deles e ficamos em paz e agradecidos sobre as circunstâncias e as pessoas de nossas vidas, exatamente como são hoje em dia.

Para aqueles de nós que vivem controlando, entregar-se e deixar fluir pode não ser fácil. No entanto, estas são as melhores atitudes. "Entregar-se" e "deixar fluir" são conceitos intangíveis, que não significam muito até que os pratiquemos. Então, descobrimos que são conceitos reais. Entregar-se e deixar fluir são atitudes que podem ser encorajadas, mas não ensinadas. Devem ser aprendidas constantemente, cada vez que as praticarmos.

Quando comecei a me recuperar das drogas, tive que fazer uma enorme quantidade de "entregas". Perdi um filho, minha família, meu relacionamento com as drogas, minha identidade e todos os meus bens materiais. Achei que já havia cumprido minha parte de me entregar, o bastante para durar a vida inteira. Porém, aprendi que não havia terminado esse negócio de entregar-me, estava apenas começando a aprender como fazê-lo.

Comecei a acreditar que merecia coisas boas: um marido, filhos, um lar e bastante dinheiro. Tentei acreditar que minha vida, incluindo meus relacionamentos, ia funcionar bem. Sete anos depois, estava financeiramente arrasada, à beira de um divórcio e chorando, na minha primeira reunião do Al-Anon.

Fiquei furiosa. Senti-me enganada. Achei que Deus havia me abandonado. Tinha me entregado e me libertado. Não era justo que tivesse que perder algo mais. Não era justo que tivesse outro grande problema com que lidar nesta vida – a codependência. Por quê?, perguntei. Por quê? Por quê? Por quê? Então, obtive minha resposta. Quer dizer, obtive outra pergunta. Tive que descobrir a resposta.

– Você ainda está disposta a se entregar? Ainda está disposta a se libertar? Ainda está disposta a confiar em Deus, mesmo estando tão magoada?

Entrega e libertação se referem à disposição e à confiança. Trata-se de ter fé o bastante para desejar algo tanto a ponto de podermos senti-lo; depois, deliberadamente libertamos esses nossos desejos e confiamos em nosso Poder Superior para fazer por nós o que Ele desejar, quando Ele desejar. Trata-se de acreditar em Deus e em Seu amor por nós, mesmo quando estamos magoados.

– Aprendi que se entregar não é um sinal de fraqueza – disse um homem. – É um sinal de força.

Não temos que nos entregar ou nos libertar perfeitamente. Somente precisamos fazê-lo o melhor que pudermos no momento. Acredito em assumir o poder, em afirmações e em fazer a minha parte. Porém, aprendi que provavelmente não assumirei meu poder enquanto não me entregar e me libertar. É algo que farei em qualquer nível que puder. A entrega deve acontecer primeiro, e durante toda a jornada.

Um homem me perguntou certa vez sobre o quanto necessitava se entregar antes de assumir seu poder. Perguntei-lhe se já havia começado a frequentar as reuniões. Ele respondeu que estava frequentando um grupo de adultos-crianças havia três meses. Disse-lhe que se ele havia se entregado o bastante para começar a frequentar as reuniões, já se entregara o bastante pelo momento.

Entregar-nos e nos libertar são atitudes assustadoras. É como morrer, perder o controle ou a si mesmo. Trata-se mesmo de perder o controle. Porém, depois, obtemos um novo tipo de poder, que inclui, entre outras ideias, o controle de nós mesmos e de nossa vida.

Odeio perder o controle. Ainda tento controlar aquilo que é inútil em minha jornada de recuperação: ressentimentos, raiva, medo e a vontade de "fazer as coisas acontecerem". É difícil confiar. Passei a maior parte da vida convencida da minha incapacidade de ser amada. Acreditar que as pessoas com quem convivo hoje me amam é bastante difícil. Acreditar que um Deus que não posso ver ou tocar me ama – sobretudo quando estou sofrendo – requer muita fé. Entretanto, cada vez que dou esse voto de confiança, caio nos braços d'Ele.

Às vezes, parece que tenho que me esforçar tanto para manter meu relacionamento com Deus quanto me esforço com as pessoas. Às vezes, parece que tenho que trabalhar bem duro na recuperação. No entanto, *eu mesma* realmente faço muito pouco. É o que se chama "a graça de Deus".

– Foi isso que aprendi sobre a recuperação e a entrega – disse-me um homem. – Certo dia, entrou uma farpa no dedo da minha filha. Doía muito e eu tinha que retirá-la. Porém, retirá-la também fazia doer. Segurei minha filha no colo. Conversei com ela carinhosamente. Tentei ser gentil. Mas ela pulava, gritava e esperneava o tempo todo. Tentei lhe dizer que, se ela relaxasse e parasse de lutar, não doeria tanto. Tentei lhe dizer que, se confiasse em mim, a dor passaria num segundo. Mas ela tinha medo demais para confiar. Quando retirei a farpa, ela estava com tanta raiva que chorava e se debatia em meus braços. Fiquei muito magoado, porque ela não confiou em mim. Porém, me magoou mais ver que ela sofreu mais do que precisava.

Muitos de nós nos entregamos e nos liberamos da maneira mais difícil, lutando contra a frustração, o desejo intenso, a raiva, a dor e o medo – até aquele momento esperado em que cedemos, aquele momento em que relaxamos. Quando o fazemos, algo acontece. Quando nos entregamos a nosso passado ou futuro, com as mãos vazias e os braços abertos, encontramos um Poder Superior amoroso e carinhoso, que nos proporcionará o que Ele decidir. Podemos confiar no que Ele nos dará, porque será sempre bom.

Quando meus filhos eram pequenos, adoravam balões de gás coloridos. Às vezes, acidentalmente ou de propósito, deixavam o barbante escapar. Ficavam parados, com lágrimas nos olhos, olhando o precioso balão subir até desaparecer de vista. Quando isso acontecia, eu lhes contava uma história.

– Não chore – dizia-lhes. – Deus está lá em cima. E sabe de uma coisa? Ele pega cada balão que você deixa subir e está guardando todos só para você. Algum dia, quando você chegar ao céu, terá todos os balões de volta.

Meus filhos agora estão mais crescidos, e eu também. Entretanto, ainda acreditamos que Deus está guardando os balões para nós.

Acredito também que Deus pega todos os nossos balões – cada um que deixamos partir. Porém, não temos que esperar até chegarmos ao céu para pegá-los de volta. Nossos melhores e mais perfeitos balões, aqueles que são feitos para nós, Ele nos devolve tão logo estejamos prontos para aceitá-los. Às vezes, Ele nos devolve balões mais bonitos do que os que deixamos escapar.

Esse é o segredo de deixar as coisas boas acontecerem.

Está ligado às nossas crenças mais profundas sobre o que merecemos e ao amor absoluto e incondicional de Deus por cada um de nós. Está ligado ao nosso desejo e ao desejo Dele de que sejamos e tenhamos o melhor possível. Está ligado ao nosso desejo de libertação.

Não seria mais fácil esquecer tudo isso? Se não podemos nos prender aos nossos desejos, não seria mais simples não reconhecê-los?

Provavelmente. Porém, as coisas não funcionam assim. Há algo mágico e necessário nesse processo: a maneira como ele funciona.

Não se consegue a vitória, a alegria e o crescimento evitando-os. As recompensas chegam pela conquista. Cada vez que nos entregamos e nos libertamos, somos empurrados para a frente em nossa jornada. Passamos para um nível mais avançado do jogo.

As descobertas ao longo da jornada da recuperação

Percorremos muito chão neste livro, mas percorreremos também um longo trajeto em nossa recuperação. Cairemos em desvios. Entraremos por "atalhos" que acabarão por se mostrar muito mais longos que o caminho normal. Às vezes pararemos para descansar.

Iremos a extremos, como ocorreu com uma mulher:

– Passei os primeiros trinta anos de minha vida tomando conta de todos à minha volta – conta ela. – Depois, durante algum tempo, me recusei até mesmo a pregar um botão para alguém!

Podemos ter passado anos nos atirando de cabeça nos relacionamentos, sem pensar; então, durante algum tempo, examinamos sob um microscópio todos que conhecemos. Tudo bem. É assim que crescemos. O objetivo da recuperação é alcançar o equilíbrio, mas a maioria de nós só conseguiu chegar a esse ponto depois de passar por altos e baixos.

Não importa como nos sentimos; estamos seguindo em frente. Quanto mais avançamos, mais confiamos nos conceitos que aprendemos no começo da nossa jornada, os princípios do cuidado próprio. O importante é nos abrirmos ao processo de recuperação e participarmos dele o melhor que pudermos, um dia de cada vez. Se fizermos isso, a recuperação funcionará para nós. Veremos que todas as peças de nossas vidas se encaixam num desenho perfeito.

Alguns de nossos maiores erros podem se tornar partes benéficas cruciais de nossa vida. Alguns de nossos traços característicos de codependência podem ser a base para algumas de nossas melhores características. Podemos descobrir que nossa capacidade de assumir responsabilidades nos qualificará para posições de liderança, ou que nossa capacidade de suportar privações nos permite conseguir algo extraordinário que seria impossível sem essa habilidade. Podemos descobrir que curar nossa dor ajuda outras pessoas a curar as suas.

Deixe-me fechar este capítulo com uma citação de Ellen Goodman, minha colunista favorita. Ela contou a seguinte história em uma cerimônia de formatura:

> Oitenta por cento da vida é comparecer. Dia após dia, ano após ano, somos presenteados com escolhas, e as fazemos. Comparecemos. Cada vez mais e mais.
>
> Alguns ficam paralisados com as escolhas. Porém, existem tantas incertezas sobre as decisões que as opções começam a diminuir, sejam de trabalho, sejam de amor.
>
> As histórias contadas nas reuniões de 25 anos de formatura estão repletas de nossos "erros". Nossas vidas são recheadas de correções no meio do caminho. Metade de nós se divorcia. Muitas das mulheres têm histórias de desenvolvimento profissional parecidas com uma montanha-russa. Mudamos de direção e de prioridades muitas e muitas vezes. Porém, nossos "erros" são as partes mais importantes, às vezes as melhores, da nossa vida.
>
> Como construímos uma vida? Ponha um pé na frente do outro. Faça algumas escolhas. Assuma alguns riscos.[4]

Está bem, está bem. Você não quer cometer os mesmos erros. Não quer perder *tanto assim* outra vez. Esse é um medo saudável, mas não deixe que isso o impeça de viver e de amar. Você pode ter se queimado por chegar perto demais do fogo, mas se aproximar dele é a única maneira de se aquecer.

Entregue-se à dor. Depois aprenda a se entregar ao que é bom. Há muito mais pelo caminho. Ame a Deus. Ame a família. Ame o que você faz. Ame as pessoas e aprenda a deixá-las amar você. Continue sempre a amar a si mesmo.

Não importa o quanto a vida tenha se tornado boa; o melhor ainda está por vir.

Epílogo

E maior do que tudo é o amor...

– I Coríntios 14:13

Várias razões me levaram a escrever este livro. Parecia um passo lógico em minha carreira. Interesso-me por esse campo e queria fazer parte do crescente movimento de ajuda e esperança para a recuperação de problemas de codependência e de adultos-crianças. Julguei que tinha algo a dizer, e queria dizê-lo. Tinha um sonho, uma visão, para este livro. Para mim, era uma prioridade.

Entretanto, havia também outra razão. Em 1986, no Dia dos Namorados, apresentei ao meu editor o manuscrito do que seria *Codependência nunca mais*. Aquela data foi apropriada. Tenho escrito desde 1979. Venho apresentando diversos tipos de trabalhos para diferentes tipos de público. Em tudo que escrevo, procuro fazê-lo carinhosa e pessoalmente. Porém, nunca em minha carreira de escritora senti a ligação calorosa e esmagadora que tenho com vocês, meus leitores.

Creio que desenvolvemos um relacionamento. Acredito que a ligação que sinto é amor. Escrevi este livro para manter nosso relacionamento. Queria passar mais algum tempo com vocês.

Obrigada por me deixarem entrar de novo em suas vidas. Obrigada pelo sucesso que vocês têm me proporcionado.

Deus os abençoe.

Melody

Notas

Introdução

1. Ruth Peterman é escritora e professora de literatura de Minneapolis. Ela contou esse caso durante uma aula.
2. Lawrence Block, "Messages for Your Most Important Reader" [Mensagens para seu leitor mais importante]. *Writer's Digest* (junho de 1988), p. 68.

Capítulo 1

1. Charles Leerhsen, com Tessa Namuth, "Alcohol and the Family" [O álcool e a família], *Newsweek* (18 de janeiro de 1988).

Capítulo 2

1. Lonny Owen trabalha há oito anos no campo de codependência. Em 1988, nós dois monitoramos um grupo de trabalho e de apoio de dez semanas para codependentes em Minneapolis.
2. Essa declaração é do Dr. Bedford Combs, num workshop que ele organizou, intitulado "Moving Through Unfinished Business: The Recovery Journey from Codependency" [Superando problemas não resolvidos: a jornada de recuperação da codependência], realizado em 25 de março de 1988 em Charlotte, Carolina do Norte. Combs é fundador e presidente da Associação para Crianças Filhas de Alcoólicos da Carolina do Sul, diretor da CHAPS Family Care na Carolina

do Sul e clínico afiliado da AAMFT [Associação Americana para Terapia Familiar e Conjugal].

3. Esse conceito existe há anos nos círculos de recuperação, mas eu o extraí especificamente do conteúdo do workshop de Combs (nota 2).
4. Robert Subby, "Inside the Chemically Dependent Marriage: Denial & Manipulation" [O casamento com um dependente químico: negação e manipulação], citado em *Co-Dependency, An Emerging Issue* [Codependência, uma questão emergente] (Hollywood, Fla.: Health Communications, Inc., 1984), p. 26.
5. Robert Subby e John Friel, "Co-Dependency – A Paradoxical Dependency" [Codependência – uma dependência paradoxal], citado em *Co-Dependency, an Emerging Issue* (Hollywood, Fla.: Health Communications, Inc., 1984,), pp. 31-44.
6. Meu texto sobre "Codependência e Distúrbio de Estresse Pós-traumático" é baseado no texto do Dr. Timmen L. Cermak, membro fundador e presidente da Associação Nacional para Crianças Filhas de Alcoólicos e codiretor da Gênesis, um programa de tratamento e consultas sobre os aspectos familiares da dependência química.
7. Timmen L. Cermak, *Diagnosing and Treating Co-Dependence* [Diagnóstico e tratamento da codependência] (Minneapolis: Johnson Institute, 1986), p. 55.
8. Idem.
9. Idem.
10. Idem, p. 56.
11. Idem, p. 57.
12. Idem, pp. 57-58.

Capítulo 3

1. Timmen L. Cermak, *Diagnosing and Treating Co-Dependence* [Diagnóstico e tratamento da codependência] (Minneapolis, Johnson Institute, 1986), pp. 68-93. Os estágios (nomes e informações) são baseados nesse livro e em *A Time to Heal*

[Tempo de cura], do mesmo autor (Los Angeles: Jeremy P. Tarcher, Inc., 1988).

2. Robin Norwood, *Mulheres que amam demais*. Rio de Janeiro: Editora Rocco, 2011.
3. Scott Egleston, terapeuta particular que vive em Twin Cities.
4. Cermak, *Diagnosis and Treating Co-Dependence* [Diagnóstico e tratamento da codependência], p. 73.
5. Anne Morrow Lindbergh, *Presente do mar*. Rio de Janeiro: Editora Sextante, 2009.
6. Marian Perkins, de Saint John, New Brunswick, proferiu esse conceito em relação à codependência.
7. Exercício adaptado de material desenvolvido por Lonny Owen, de Minneapolis.

Capítulo 4

1. *Bíblia on-line*. Tradução de João Ferreira de Almeida. www.bibliaonline.com.br

Capítulo 5

1. Ilustração geralmente utilizada para representar a recuperação do uso de drogas, da codependência e o crescimento.
2. Scott Egleston e outros têm utilizado essa figura para ilustrar codependência e recuperação.
3. Lonny Owen usou a imagem para ilustrar a recuperação da codependência. Ele utilizou a ideia de alguém, que havia utilizado a de outrem...
4. Scott Egleston sugeriu esse termo.

Capítulo 6

1. Citação extraída de uma carta que recebi de uma mulher anônima de New South Wales, Austrália.
2. Schaef fez esse comentário quando participei com ela de um programa de rádio.

3. Dr. Timmen L. Cermak, *Diagnosing and Treating Co-Dependence* [Diagnóstico e tratamento da codependência] (Minneapolis: Johnson Institute, 1986), p. 55.

Capítulo 7

1. Esses sinais são baseados em parte em "Co-Alcoholic Relapse: Family Factor and Warning Signs" [Recaída na codepedência: o fator familiar e os sinais de alerta], de Terence T. Gorski e Merlene Miller, de *Co-dependency, An Emerging Issue* [Codependência: uma questão emergente] (Pompano Beach, Fla.: Health Communications, Inc., 1984), p. 82.
2. Baseado em parte numa entrevista com Donna Wallace, "Donna Wallace on Empowering ACoAs at Work" [Donna Wallace, sobre como fortalecer filhos de alcoólicos no trabalho], *Phoenix 8*, nº 5 (maio de 1988), p. 2.
3. Sabedoria de Scott Egleston.
4. Sabedoria de uma mulher que conheci num aeroporto. Não lhe disse meu nome, mas ela viaja por todo o país ensinando enfermeiras sobre codependência; baseia muito de seu ensinamento em *Codependência nunca mais*, e compartilhou esse comigo.
5. Baseado em parte da informação de *Here Comes the Sun [Aí vem o sol]*, Gayle Rosellini e Mark Worden (Center City, Minn.: Hazelden Educational Materials, 1987).
6. Lonny Owen é um orientador com oito anos de experiência aconselhando codependentes e famílias.
7. Isso veio de Lonny Owen.
8. Baseado em parte de "Relapse Warning Signs for Co-Alcoholism" [Sinais de alerta da recaída na codependência], desenvolvido por Terence T. Gorski e Merlene Miller, de "Co-Alcoholic Relapse" [Recaída na codependência], em *Co-dependency, An Emerging Issue [Codependência: uma questão emergente]*, p. 82.

Capítulo 8

1. Citação indireta do que Earnie Larsen disse durante um seminário de adultos-crianças na Igreja Luterana de Trinity, Stillwater, Minnesota, na primavera de 1988.
2. O popular método do geneagrama é utilizado por muitos terapeutas e programas de família em todos os Estados Unidos. A maioria dos terapeutas desenvolve seu próprio modo de usá-lo. Criei essa adaptação com a ajuda de Lonny Owen durante um grupo de trabalho e apoio de dez semanas que orientamos.
3. Scott Egleston inventou essas ideias de fantasia durante uma de nossas conversas sobre trabalho de família de origem. Ele as utiliza em seu trabalho com adolescentes sobre família de origem.
4. Melody Beattie, *Denial* [Negação] (Center City, Minn.: Hazelden Educational Materials, 1986).
5. Mais uma vez, essa ideia veio à mente de Scott Egleston durante uma conversa sobre família de origem.
6. Jessie Roberts me ensinou isso durante um treinamento de Análise Transacional em meados dos anos 1970. Já existe há anos, e se aplica a filhos de alcoólicos e à síndrome de famílias desajustadas.
7. Earnie Larsen e outros terapeutas de sistemas de família ensinam isso.
8. Louise L. Hay, *Você pode curar sua vida* (Rio de Janeiro, BestBolso: 2011).
9. Extraído das palestras de Earnie Larsen sobre adultos-crianças.
10. Ideia de Bedford Combs.
11. Essa ideia também é de Combs. Em uma palestra, ele mencionou que em seu programa de terapia para problemas de codependência há um coral que "canta" a doença ao fundo, para ajudar as pessoas a reconhecerem os padrões e as mensagens prejudiciais.

Capítulo 9

1. As regras de codependência a que me refiro neste livro são baseadas no trabalho de Robert Subby e John Friel em "Co-Dependency – A Paradoxical Dependency" [Codependência – uma dependência paradoxal], em *Co-Dependency, An Emerging Issue* [Codependência, uma questão emergente] (Pompano Beach, Fla.: Health Communications, Inc., 1984), pp. 34-44.
2. Idem.
3. Robert Subby, "Inside the Chemically Dependent Marriage: Denial & Manipulation" [O casamento com um dependente químico: negação e manipulação], em *Co-Dependency, An Emerging Issue* [Codependência, uma questão emergente], p. 26.
4. Idem, p. 27.

Capítulo 10

1. Frase extraída do folheto *Shame Faced: The Road To Recovery* [Envergonhado: o caminho para a recuperação], por Stephanie E. (Center City, Min.: Hazelden Educational Materials, 1986).
2. Idem, p. 1.
3. Merle A. Fossum e Marilyn J. Mason, *Facing Shame – Families in Recovery* [Enfrentando a vergonha – famílias em recuperação] (Nova York: W. W. Norton & Company, Inc., 1986), p. 44.
4. Essa ideia e muitas deste capítulo são de Scott Egleston.
5. Exemplo de Scott Egleston.
6. Stephanie E., *Shame Faced* [Envergonhado], p. 1.
7. Fossum and Mason, *Facing Shame* [Enfrentando a vergonha], p. 29.
8. Ideia de Lonny Owen durante o workshop que orientamos.
9. A definição é muito comum, mas eu a tirei de Scott Egleston.
10. Baseado no Sexto e no Sétimo Passos do programa dos Doze Passos do Al-Anon.
11. De Lonny Owen.

Capítulo 11

1. Os detalhes do teste, as figuras e ao que cada uma se assemelha foram descritos por Jason de memória, e podem não ser totalmente exatos. O ponto principal, sim.

Capítulo 12

1. Essa citação de Louise Hay apareceu num artigo de Carolyn Rebuen, "Healing Your Life with Louise Hay" [Curando sua vida com Louise Hay], *East West* (junho de 1988), p. 41.
2. *New World Dictionary of the American Language, Second College Edition* [Dicionário New World do inglês americano] (New York: Simon & Schuster, Inc., 1984), p. 23.
3. Idem, p. 459.
4. Essa ideia de Nita Tucker evoluiu com Debra Feinstein em *Beyond Cinderella: How to Find and Marry the Man You Want* [Além da Cinderela: como encontrar e se casar com o homem que deseja] (New York: St. Martin's Press, 1987), p. 155.
5. Louise L. Hay, *Você pode curar sua vida* (Rio de Janeiro, Editora BestBolso, 2011). Muitas das ideias deste capítulo foram inspiradas no trabalho de Hay.
6. Bernie S. Siegel, *Amor, medicina e milagres* (Rio de Janeiro, Editora Best-Seller, 1989).
7. Essa ideia tem sido defendida por diferentes modalidades de terapia há anos, incluindo a Análise Transacional. Hay e Siegel estão anunciando-a de novo.
8. Essa ideia também tem sido defendida por diferentes modalidades de terapia há anos. Acredito que a ouvi recentemente de Louise Hay e da minha massagista.
9. Essa ideia é do *New World Dictionary of the American Language* [Dicionário New World do inglês americano], p. 459, e do livro de Nita Tucker, *Beyond Cinderella* [Além da Cinderela].

10. Essa ideia foi baseada no texto de Hay em *Você pode curar sua vida*.
11. Baseado nas ideias de Louise Hay em *Você pode curar sua vida* e em palestras sobre o uso de afirmações por Earnie Larsen.
12. Baseado numa citação por Haim Ginott em "Quotabel Quotes", *Reader's Digest* (junho de 1988), capa.
13. O somático, ou componente do corpo, é uma disfunção emocional que tem sido explorada há muito tempo por muitos terapeutas.
14. Esse pensamento surgiu anos atrás com o reverendo Phil Hansen, pioneiro no movimento de recuperação do vício de drogas.
15. Ideias baseadas numa sugestão de Louise Hay em *Você pode curar sua vida*.
16. *Você pode curar sua vida*, p. 15.
17. Baseado no Salmo 118:24.
18. Ideias inspiradas por Louise Hay.
19. Baseado no Salmo 4:19.

Capítulo 13

1. Dr. Martin Blinder, "Why Love Is Not Built to Last" [Por que o amor não foi feito para durar], *Cosmopolitan*, junho de 1988, p. 223.
2. Essa ideia foi inspirada por meu amigo Bob Utecht.
3. Essa ideia maravilhosa é de Earnie Larsen. É a sua definição de recuperação da codependência.
4. Esse pensamento é de Earnie Larsen. É minha paráfrase de sua ideia de que muitos relacionamentos estavam condenados desde o começo porque não seria possível que funcionassem.
5. Ernie Larsen diz: "O amor é uma coisa viva."
6. Blinder, "Why Love Is Not Built to Last" [Por que o amor não foi feito para durar], pp. 221-222.
7. Essa ideia é de Dan Caine, diretor executivo da Eden House Rehabilitation Center, em Minneapolis, Minnesota.

8. Essa ideia é de Dan Caine, diretor executivo da Eden House Rehabilitation Center, em Minneapolis, Minnesota.
9. Essa ideia é de Scott Egleston.
10. Blinder, "Why Love Is Not Built to Last" [Por que o amor não foi feito para durar].
11. Essa frase foi baseada numa expressão de outro escritor: "atingir a condição enaltecida de clichê" – mas não consigo lembrar onde a li. Provavelmente, numa revista literária.
12. Muitas pessoas expressaram essa ideia. Recentemente, tem sido mais explorada por Earnie Larsen.
13. Esse pensamento foi inspirado no livro de Nita Tucker com Debra Feinstein, *Beyond Cinderella: How to Find and Marry the Man You Want* [Além da Cinderela: como encontrar e se casar com o homem que deseja] (Nova York, St. Martin's Press, 1987).
14. A citação "Adultos-crianças merecem outra chance de relacionamento" parece ter sido criada por Robert Subby, um profissional da recuperação que reside em Minnesota.

Capítulo 14

1. Nita Tucker e Debra Feinstein, *Beyond Cinderella: How to Find and Marry the Man You Want* [Além da Cinderela: como encontrar e se casar com o homem que deseja] (Nova York, St. Martin's Press, 1987), p. 61.
2. Idem.
3. Baseado em ideias do Dr. Yehuda Nir e Bonnie Maslin, *Loving Men for All the Right Reasons: Women's Patterns of Intimacy* [Amando os homens pelas razões certas: padrões femininos de intimidade] (Nova York: Dell Publishing Co., Inc., 1983).
4. Meus agradecimentos a Nita Tucker por algo que eu sempre soube, mas que não fui capaz de verbalizar até ler seu livro.
5. Tucker, *Beyond Cinderella* [Além da Cinderela], p. 58.
6. Idem.

7. Idem, pp. 42-43.
8. Há vários anos, Earnie Larsen tem dito: "A pessoa com quem estamos nos relacionando demonstra tanto sobre nós quanto sobre ela." Tucker também discute nossa indisponibilidade em *Beyond Cinderella* [Além da Cinderela], pp. 50-51.
9. Extraído da expressão de Tucker.
10. Expressão de Tucker.
11. Do curso de Tucker: "Ligando-se."
12. Tucker, *Beyond Cinderella* [Além da Cinderela], pp. 75-76.
13. Idem, p. 52.
14. Idem, p. 60.
15. Louise Hay escreve sobre lidar com o pânico em seu livro *Você pode curar sua vida* (Rio de Janeiro, BestBolso: 2011).
16. Hay, *Você pode curar sua vida.*
17. Scott Egleston foi quem primeiro me explicou essa "mudança".
18. Hay, *Você pode curar sua vida.*

Capítulo 15

1. *New World Dictionary of the American Language, Second College Edition* [Dicionário New World de inglês americano] (Nova York: Simon & Schuster, Inc., 1984), p. 167.
2. Muitos profissionais e pessoas em recuperação têm discutido esse fenômeno. Merle A. Fossum e Marilyn J. Mason discutem isso em *Facing Shame: Families in Recovery* [Enfrentando a vergonha: famílias em recuperação] (Nova York, W.W. Norton & Company., Inc., 1986), p. 76.
3. Anne Jefferies, "Rokelle Lerner: ACA's, Intimacy & Play" [Rokelle Lerner: codependência de alcoólicos, intimidade e diversão], *The Phoenix*, outubro de 1988, p. 1.
4. Algumas de minhas definições e explicações sobre limites são baseadas em *Facing Shame* [Enfrentando a vergonha], de Fossum e Mason.
5. Jefferies, "Rokelle Lerner", p. 1.

6. Fossum e Mason, *Facing Shame* [Enfrentando a vergonha], pp. 60-65.
7. Idem, p. 73.
8. Jefferies, "Rokelle Lerner", p. 1.
9. Essa ideia sobre estabelecer limites é de Scott Egleston.
10. Jefferies, "Rokelle Lerner", p. 1.
11. Essa ideia surgiu em parte de Lonny Owen durante um curso paralelo ao nosso workshop e grupo de apoio.
12. Essa ideia é de Fossum e Mason, *Facing Shame* [Enfrentando a vergonha].
13. Essas ideias são baseadas em parte na entrevista de Rokelle Lerner ao *The Phoenix*, outubro de 1988, e em *A trilha menos percorrida* de M. Scott Peck, Rio de Janeiro: Editora Nova Era, 2006].
14. Janet Geringer Woititz, *Struggle for Intimacy* [Luta pela intimidade] (Pompano Beach, Fla.: Health Communications, Inc., 1985), pp. 46-48.
15. Essa dica é de uma mulher que viaja por todo o país fazendo palestras para enfermeiras sobre codependência. Conheci-a num aeroporto, mas não consigo lembrar seu nome.
16. Woititz, *Struggle for Intimacy* [Luta pela intimidade], p. 48.
17. Essa ideia é de Scott Egleston.
18. O conceito de ser "roubado" é discutido por Fossum e Mason em seu livro *Facing Shame* [Enfrentando a vergonha].
19. De um frequentador do Al-Anon.

Capítulo 16

1. John Powell, *Why Am I Afraid to Tell You Who I Am?* [Por que tenho medo de lhe dizer quem sou?] (Allen, Tex.: Argus Communications, 1969).
2. M. Scott Peck, *A trilha menos percorrida*, Rio de Janeiro: Editora Nova Era, 2006.
3. Essa observação é de Scott Egleston.
4. Dr. Eric Berne, *Os jogos da vida*, (São Paulo: Editora Nobel, 1995).

5. Earnie Larsen foi a primeira pessoa que ouvi discutir o conceito de se entregar em relacionamentos. Ouvi isso em sua série de gravações *Adult Children of Alcoholics* [Codependentes de alcoólicos].
6. M. Scott Peck discute esse conceito em *A trilha menos percorrida.*
7. Stephanie Covington e Liana Beckett, *Leaving the Enchanted Forest: The Path from Relationship Addiction to Intimacy* [Deixando a floresta encantada: a trilha do vício no relacionamento para a intimidade] (San Francisco, Harper & Row, 1988), pp. 24 e 26.
8. Bedford Combs foi quem me disse isso.
9. Parte disso veio de Earnie Larsen. Outras partes são de observações e discussões com várias pessoas. Muito veio de extensa vivência pessoal em comportamentos de distanciamento.
10. O conceito de compartilhar o poder surgiu durante uma conversa com Scott Egleston.

Capítulo 17

1. Novamente dou crédito a Robert Subby e John Friel (de *Co-Dependency: An Emerging Issue* [Codependência: uma questão emergente]) quanto às "regras", embora outros profissionais especializados em recuperação também as tenham abordado.
2. Timmen Cermak abordou isso em *Diagnosis and Treating Co-Dependence* [Diagnóstico e tratamento da codependência] (Minneapolis: Johnson Institute, 1986), p. 55.
3. Li sobre esse conceito – lidar com pessoas que não negociam honestamente – em uma revista, num consultório médico, há dois anos. Tirei essa frase dali, mas não consigo me lembrar nem do nome do artigo nem do autor.
4. M. Scott Peck, *A trilha menos percorrida*, Rio de Janeiro: Editora Nova Era, 2006.

5. A. P. Herbert, citado por Gene Brown in *News Times* (Danbury, Conn.), de "Quotables Quotes", *Reader's Digest* (maio de 1988), p. 137.
6. Tema do livro de M. Scott Peck, *A trilha menos percorrida.*
7. Scott Egleston.
8. Scott Egleston.
9. Harriet Goldhor Lerner, *A ciranda do amor e do ódio*, (Rio de Janeiro: Editora Best-Seller, 1985).
10. Isso é de Earnie Larsen.
11. Ouvi falar pela primeira vez sobre jogos de poder em *Os papéis que vivemos na vida*, (Rio de Janeiro: Editora Artenova, 1976).
12. Michael Kelberer, de *The Phoenix*, deu essa dica.
13. Earnie Larsen.
14. Christopher Matthews, "Be Kind to Your Adversaries" [Seja gentil com seus adversários], *Reader's Digest* (maio de 1988), p. 135.
15. Richard Bach discute o conceito de problemas como os presentes em *Ilusões: as aventuras de um messias indeciso* (Rio de Janeiro: Editora Record, 2001).

Capítulo 18

1. Helen Lesman, comp., *Heart Warmers* [Para aquecer seu coração] (Minneapolis: Lighten Up Enterprises, Northwestern Products, 1985), 10 de outubro.
2. Steven Carter e Julia Sokol, *Men Who Can't Love* (Nova York: M. Evans and Company, Inc., 1987), pp. 56-61.
3. Idem, pp. 191-192.
4. Baseado em *Men Who Can't Love* [Homens que não conseguem amar], de Carter e Sokol, p. 43, e Nita Tucker com Debra Feinstein, *Beyond Cinderella: How to Find and Marry the Man You Want* [Além da Cinderela: como encontrar e se casar com o homem que deseja] (Nova York: St. Martins's Press, 1987), p. 136.

5. Carter e Sokol, *Men Who Can't Love* [Homens que não conseguem amar], pp. 43-44.
6. Idem, p. 29.
7. Idem, pp. 21-23.
8. Idem, pp. 32-34, 41.
9. Idem, p. 52.
10. Idem, p. 192.
11. Tucker, *Beyond Cinderella* [Além da Cinderela], p. 136.
12. Carter e Sokol, *Men Who Can't Love* [Homens que não conseguem amar], p. 65.
13. Dr. Martin Blinder, "Why Love Is Not Built to Last" [Por que o amor não foi feito para durar], *Cosmopolitan* (junho de 1988), pp. 220-223.
14. Tucker, *Beyond Cinderella* [Além da Cinderela], p. 135.
15. Idem, pp. 136-137; Carter e Sokol, *Men Who Can't Love* [Homens que não conseguem amar], pp. 157-228.
16. Earnie Larsen ensina isso; também Tucker, em *Beyond Cinderella* [Além da Cinderela], pp. 139-141.
17. Tucker, *Beyond Cinderella* [Além da Cinderela], pp. 132-141.
18. Earnie Larsen ensina isso.
19. O reverendo Schuller disse isso num sermão na televisão por volta de 1979.

Capítulo 19

1. *Each Day a New Beginning* [Um novo começo a cada dia] (Center City, Minnesota: Hazelden Educational Materials), 22 de outubro.
2. Esta lista é baseada em parte no Charter Statement da National Association for Children of Alcoholics (NACOA – Associação Nacional para Crianças Filhas de Alcoólicos). As declarações estão sob a categoria de "Fatos Conhecidos sobre Filhos de Alcoólicos".
3. Fato baseado sobretudo nas normas da NACOA.
4. Bedford Combs fala sobre essa ideia.

Capítulo 21

1. Ralph Waldo Emerson, "Quotables Quotes", *Reader's Digest* (março de 1988).
2. Louise Hay discute o conceito de se libertar ou deixar fluir. Ela é a primeira pessoa que ouvi mencionar o conceito de nos libertar da nossa necessidade de estar em relacionamentos destrutivos, e o conceito mais amplo de libertar nossas necessidades destrutivas ocultas.
3. Meu amigo Bob Utecht me contou sobre os "atalhos" mais longos.
4. Trecho de uma coluna de Ellen Goodman no *St. Paul Pioneer Press Dispatch* (10 de junho de 1988), p. 14A.

Continuação da página de créditos

Os editores a seguir deram-nos generosamente a permissão de reproduzir algumas citações de trabalhos protegidos por copyright. Todos os textos foram reproduzidos mediante autorização: De "To Graduates: March On, Make Mistakes", by Ellen Goodman. Copyright 1988, publicado pelo Boston Globe Newspaper Company/Washington Post Writers Group. De *Scripts People Live*, by Claude M. Steiner. Copyright 1974 by Grove Press. De *Games People Play* by Eric Berne, M.D. Copyright 1964, by Random House, Inc. De *Why Am I Afraid to Tell You Who I Am?* By John Powell, S.J. Copyright 1969, by Tabor Publishing, 25115 Avenue Stanford, Valencia, Ca 91355. De Bloom County by Berke Breathed. Copyright 1988, Washington Post Writers Group. De *Facing Shame: Families in Recovery*, by Merle A. Fossum e Marilyn J. Mason, com autorização de W.W. Norton & Company, Inc. Copyright © 1986 by Merle A. Fossum e Marilyn J. Mason. De *You Can Heal Your Life* © 1987, by Louise Hay. De "Donna Wallace on empowering ACOAs at work", by Kathleen Lindstron. Copyright maio de 1988 de *The Phoenix*. De "Rokelle Lerner: ACA's, Intimacy and Play" by Ann Jeffries. Copyright outubro de 1988 de *The Phoenix*. De GIFT FROM THE SEA, by Anne Morrow Lindbergh. Copyright 1955 from Pantheon Books, uma divisão Random House, Inc. De "Messages For Your Most Important Reader" by Lawrence Block. Copyright junho de 1988 da revista Writers Digest. De *Diagnosing and Treating Co-Dependence* by Timmen L. Cermak. Copyright 1986 do Johnson Institute. De *The Rose* by Amanda McBroom. © 1979 Warner-Tamerlane Publishing Corp. Todos os direitos reservados. De *Shamed Faced* by Stephanie E. Copyright 1986 by Hazelden Educational Materials. De *Andy Capp* by Reginald Smythe. Copyright 1988 do Syndication International LTD. De *Beyond Cinderella: How to Find and Marry the Man You Want*, by Nita Tucker e Debra Feinstein. Copyright 1987 by St. Martin's Press, Inc., Nova York. De "Healing Your Life With Louise Hay", by Carolyn Rueben. Copyright 1988 by *East West the Journal of Natural Health and Living*. De *Women Who Love Too Much*, by Robin Norwood. Copyright 1985 by Robin Norwood, Jeremy P. Tarcher, Inc. e *Loving Men for All the Right Reasons: Women's Patterns of Intimacy*, by Yehuda Nir, M.D. e Bonnie Maslin, M.D. Copyright 1982 de Dell Publishing Co., Inc. De *Men Who Can't Love*, by Steven Carter e Julia Sokol. Copyright © 1987 by Steven Carter e Julia Sokol Coopersmith. De *Choosing Lovers*, by Martin Blinder, M.D. Copyright 1988 de Glenbridge Publishing. De *Co-dependency, An Emerging Issue*, by Robert Subby, et al. Copyright 1984 by Health Communications. De *Struggle for Intimacy*, by Janet Geringer Woititz. Copyright 1985 by Health Communications. From *Hardball*, by Christopher Matthews. Copyright 1988 by Simon and Schuster. De *A Road Less Traveled*, by M. Scott Peck. Copyright 1980 by Simon and Schuster. De *Treating the Codependent: Diagnosis, Recovery and Relapse Prevention Planning* by Terence T. Gorski e Marlene M. Miller, Hazel Crest, Illinois, 1984.

Bibliografia

Livros

Al-Anon Twelve Steps & Twelve Traditions. [Os Doze Passos e Tradições do Al-Anon]. Nova York: Al-Anon Family Group Headquarters, Inc., 1981.

Beattie, Melody. *Codependência nunca mais.* Editora Record, 1997.

Berne, Dr. Eric. *O que você diz depois de olá?* São Paulo: Editora Nobel, 1988.

———. *Os jogos da vida.* São Paulo: Editora Nobel, 1995.

Bissel, Dr. Le Claire e James E. Royce. *Ethics for Addiction Professionals.* [Ética para profissionais da recuperação] Center City, Minn.: Hazelden Educational Materials, 1987.

Brandon, Nathaniel. *How to Raise Your Self-Esteem.* [Como melhorar a autoestima] Nova York, Bantam Books, 1987.

Carter, Steven e Julia Sokol. *Men Who Can't Love.* [Homens que não conseguem amar] Nova York: M. Evans & Company, Inc., 1987.

Cermak, Dr. Timmen L. *Diagnosing and Treating Co-Dependence.* [Diagnóstico e tratamento da codependência] Minneapolis: Johnson Institute, 1986.

———. *A Time to Heal: The Road to Recovery for Adult Children of Alcoholics.* [Tempo de cura: o caminho da recuperação para codependentes] Los Angeles: J.P. Tarcher, Inc., 1988.

Covington, Stephanie e Liana Beckett. *Leaving the Enchanted Forest.* [Deixando a floresta encantada] San Francisco: Harper & Row, 1988.

Cowan, Connell e Melvyn Kinder. *Smart Women – Foolish Choices.* Nova York: Signet Books, 1986.

Each Day a New Beginning. [Um novo começo a cada dia] Center City, Minn.: Hazelden Educational Materials, 1982.

Fisher, Roger e Scott Brown. *Getting Together.* Boston: Houghton Mifflin Co., 1988.

Forward, Susan e Joan Torres. *Men Who Hate Women – The Women Who Love Them.* Nova York: Bantam Books, 1986.

Fossum, Merle A., e Marilyn J. Mason. *Facing Shame.* [Enfrentando a vergonha] Nova York: W.W. Norton and Company, 1986.

Harris, Amy Bjork e Thomas A. Harris. *Staying O.K,* Nova York: Harper & Row, 1985.

Hay, Louise L. *Você pode curar sua vida.* Rio de Janeiro: Editora Best-Seller, 1984.

Larsen, Earnie. *Stage II Recovery – Life Beyond Addiction.* Minneapolis: Winston Press, 1985.

Lerner, Harriet Goldhor. *A ciranda do amor e do ódio.* Rio de Janeiro: Editora Best-Seller, 1985.

Lesman, Helen. *Heart Warmers.* [Para aquecer seu coração] Minneapolis: Lighten Up Enterprises, 1985.

Lindberg, Anne Morrow. *Presente do mar.* Rio de Janeiro: Editora Sextante, 2009.

Mornwell, Dr. Pierre. *Passive Men – Wild Women.* Nova York: Ballantine Books, 1980.

Nir, Dr. Yehuda e Bonnie Maslin. *Loving Men for All the Right Reasons: Women's Pattern of Intimacy.* [Amando os homens pelas razões certas: padrões femininos de intimidade] Nova York: Dell Publishing Company., Inc., 1983.

Norwood, Robin. *Mulheres que amam demais.* Rio de Janeiro: Editora Rocco, 2011.

Peck, Dr. M. Scott. *A trilha menos percorrida*. Rio de Janeiro: Editora Nova Era, 2006.

Powell, John. *Why Am I Afraid to Tell You Who I Am?* [Por que tenho medo de lhe dizer quem sou?] Allen, Texas.: Argus Communications, 1969.

Rosellini, Gayle e Mark Worden. *Of Course You're Angry*. Center City, Minn., Hazelden Educational Materials, 1985.

______. *Here Comes the Sun: Dealing with Depression* [Aí vem o sol: lidando com a depressão]. Center City, Minn.: Hazelden Educational Materials, 1987.

Rubin, Dr. Theodore Isaac. *Compassion & Self Hate*. Nova York: Macmillan Publishing Company, 1986.

Rusell, A. J. *God Calling*. Old Tappen, N. J.: Fleming H. Revell Company., 1984.

Schaef, Anne Wilson. *Co-Dependence: Misunderstood – Mistreated*. Minneapolis: Winston Press, 1986.

Schuller, Robert H. *Be Happy – You Are Loved*. Nashville: Thomas Nelson Inc., 1986.

Siegel, Dr. Bernie S. *Amor, medicina e milagres*. Rio de Janeiro: Editora Best-Seller, 1989.

Smith, Marcell. *When I Say No I Feel Guilty*. Nova York: Bantam Books, 1975.

Steiner, Claude M. *Os papéis que vivemos na vida*. Rio de Janeiro: Editora Artenova, 1976.

The Living Bible. Wheaton, Ill.: Tyndale House Publications, 1971.

Trina, Paulus. *Hope for the Flowers*. Nova York: Paulest Press, 1972.

Tucker, Nita e Debra Feinstein. *Beyond Cinderella – How to Find and Marry the Man You Want*. [Além da Cinderela: como encontrar e se casar com o homem dos seus sonhos] Nova York; St. Martin Press, 1987.

Walker, Alice. *A cor púrpura*. Rio de Janeiro: Editora José Olympio, 2009.

Webster's New World Dictionary of the American Language. Nova York: Simon & Schuster, 1984.

Woititz, Janet Geringer. *Struggle for Intimacy* [Luta pela intimidade]. Pompano Beach, Fla.: Health Communications, 1985.

Folhetos

Beattie, Melody. *Denial* [Negação]. Center City, Minn.: Hazelden Educational Materials, 1986.

Shame, Center City, Minn.: Hazelden Educational Materials, 1981.

Stephanie, E. *Shame Faced* [Envergonhado]. Center City, Minn.: Hazelden Educational Materials, 1986.

Artigos

Blinder, Dr. Martin. "Why Love Is Not Built To Last." [Por que o amor não foi feito para durar] *Cosmopolitan*, nº 204 (junho de 1988).

Block, Lawrence. "Messages For Your Most Important Reader." [Mensagens para seu leitor mais importante] *Writer's Digest* (junho de 1988), p. 68.

Emerson, Ralph Waldo. "Quotation Quotes." *Reader's Digest,* nº 132 (março de 1988).

Ginott, Haim. "Quotation Quotes." *Reader Digest* (junho de 1988).

Goodman, Ellen. "To Graduates – March On, Make Mistakes." *St. Paul Pioneer Press and Dispatch* (10 de junho de 1988), p. 14A.

Herbert A. "Quotable Quotes." *Reader's Digest* (maio de 1988), p. 137.

Jefferies, Anne. "Rokelle Lerner: ACA'S, Intimacy & Play." [Rokelle Lerner: codependentes de alcoólicos, intimidade e diversão] *The Phoenix* (outubro de 1988), p. 1.

Leerhsen, Charles com Tessa Namuth. "Alcohol and the Family." [O álcool e a família], *Newsweek* (18 de janeiro de 1988).

Matthews, Christopher. "Be Kind to Your Adversaries." [Seja gentil com seus adversários] *Reader's Digest* (maio de 1988), p. 135.

Subby, Robert. "Inside the Chemically Dependent Marriage: Denial and Manipulations." [O casamento com um dependente químico: negação e manipulação] *Co-Dependency - An Emerging Issue*. Pompano Beach, Fla.: Health Communicatons, Inc., 1984.

Este livro foi composto na tipologia Minion Pro Regular, em corpo 10,5/13, e impresso em papel off-set 56g/m² no Sistema Digital Instant Duplex da Divisão Gráfica da Distribuidora Record.